常州大运河文化带建设内涵研究

常州市文物保护管理中心　编著

文物出版社

图书在版编目（CIP）数据

常州大运河文化带建设内涵研究/常州市文物保护
管理中心编著. —— 北京：文物出版社，2020.10
　　ISBN 978－7－5010－6785－5

　　Ⅰ.①常… Ⅱ.①常… Ⅲ.①大运河－文化遗产－研
究－常州 Ⅳ.①K928.42

中国版本图书馆CIP数据核字(2020)第155265号

常州大运河文化带建设内涵研究

编　　著：常州市文物保护管理中心

责任编辑：窦旭耀
封面设计：王文娴
责任印制：苏　林

出版发行：文物出版社
社　　址：北京市东直门内北小街2号楼
邮　　编：100007
网　　址：http://www.wenwu.com
邮　　箱：web@wenwu.com
经　　销：新华书店
印　　刷：北京荣宝艺品印刷有限公司
开　　本：787mm×1092mm　1/16
印　　张：14　　插页：1
版　　次：2020年10月第1版
印　　次：2020年10月第1次印刷
书　　号：ISBN 978-7-5010-6785-5
定　　价：220.00元

编　委　会

主　任　荣凯元

副主任　周晓东　严旭华　田海明

委　员（以姓氏笔画为序）

史健新　朱芸芸　刘淋青　吴冬冬　张　刚

张雄飞　陈永刚　陈伟堂　陈　磊　袁　予

顾晔麟　徐　昕　唐星良　曹水平　管婷婷

瞿小佩

序 言

  常州是一座底蕴深厚、古今辉映的江南文化名城，大运河则是荟萃吴地文脉、孕育历代精英、泽被万民福祉的母亲河。古老的运河水，流淌在两千五百年的绵长岁月中，形成了常州"通江达湖、城河相依"的空间特色与文化景观，孕育了名人文化、红色文化、工商文化等文脉资源，尽显船舶穿梭之美、清波灵动之美、田园风光之美，凝练为看常州、读常州、品常州的重要城市名片。

  近年来，常州深入贯彻落实习近平总书记关于大运河文化保护传承利用所作的重要指示精神，坚持以文为魂、保护优先、项目带动，统筹推进高品位文化长廊、高颜值生态长廊、高水平旅游长廊建设。从2014年6月中国大运河列入世界遗产名录，常州拥有第一项世界遗产，到深入实施《常州市文旅休闲明星城建设三年行动计划》，打造"江南门户·运河名城"文旅品牌，再到加快实施《常州老城厢复兴发展三年行动计划纲要》，打造具有鲜明江南特色、独具魅力特征的"城市会客厅"，向世人呈现了一座不一样的运河文旅名城。

  2020年是高水平全面建成小康社会和"十三五"规划的收官之年，也是常州建设文旅休闲明星城、打造全国一流旅游目的地城市的起步之年，大运河文化带建设迎来前所未有的黄金机遇期，常州将积极开展以下工作：

  坚持"保护为主、抢救第一"，加快推进西起中吴大桥、东至朝阳桥的核心区先导段建设，构建"城河一体"发展新格局，重现运河沿岸的水乡肌理、生活形态和风貌特色，让历史与现代相连，让运河文化与城市有机更新、经济发展相融相生。

  坚持"江南特质、灵动韵味"，有序推进焦溪古镇江南水乡古镇联合申遗以及孟河、奔牛、杨桥等古镇古村保护利用，加快实施古运河—老城厢休闲文旅项目、大运河文化带奔牛段项目、大运河文化带春秋淹城遗址改造提升项目、青果巷历史文化街区二期等运河文旅重点项目，不断提高运河遗产活化利用率。

坚持"世界视野、本土特色"，推进运河文化与全域旅游融合发展，策划推出遗产研学游、漕运观光游、水利科普游、古城古镇游、非遗主题游等精品线路，打造"龙城夜未央""常走大运"等集文化展示、旅游推广、文旅消费于一体的全国性品牌，重现常州作为千载"运河名城"的繁华盛景。

保护运河、传承运河、共享运河，是大运河沿线人民的共同心愿，也是常州儿女的共同使命。《常州大运河文化带建设内涵研究》一书的编辑出版，旨在以更宽的视野目标、更高的顶层设计，聚焦新时代大运河文化带建设高质量发展总要求，以文化和旅游融合为主线，以融合发展为导向，促进文化和旅游资源叠加、优势互补，助推形成大运河文化保护传承利用"四梁八柱"的规划体系，更好地带动大运河常州段经济社会高质量发展。

我们将以本书的问世为新的起点，立足常州、辐射全国、面向世界，深入开展大运河文化带建设基础研究和应用研究，全力打造集研究、转化、推广和交流等功能于一体的开放式大平台，为高质量建设大运河文化带提供"常州智慧"。愿运河汤汤润岁月，文脉悠悠传百世，把这条润泽千秋、辉映古今的不朽长河完整地传给下一个千年！

常州市委常委、宣传部长 陈涛

目　录

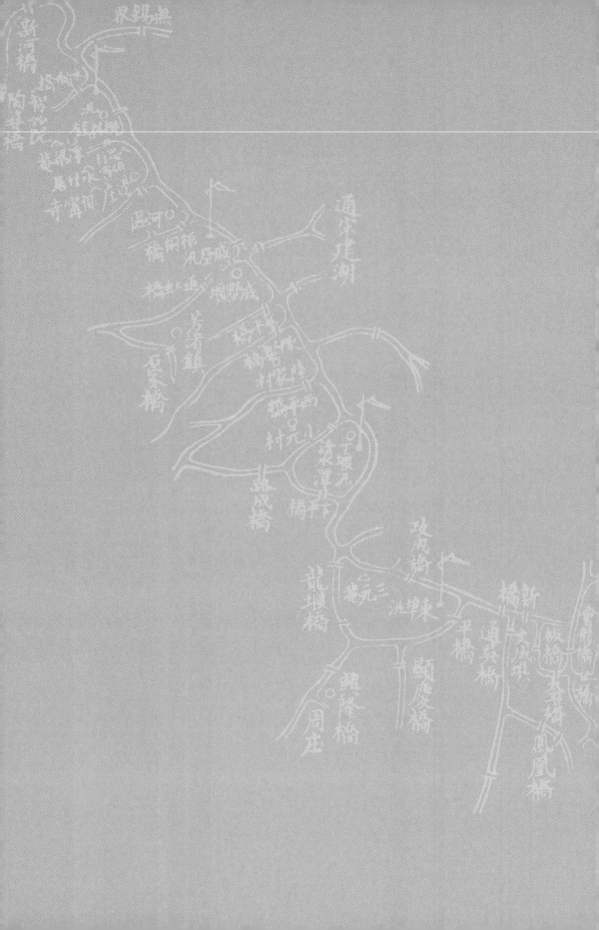

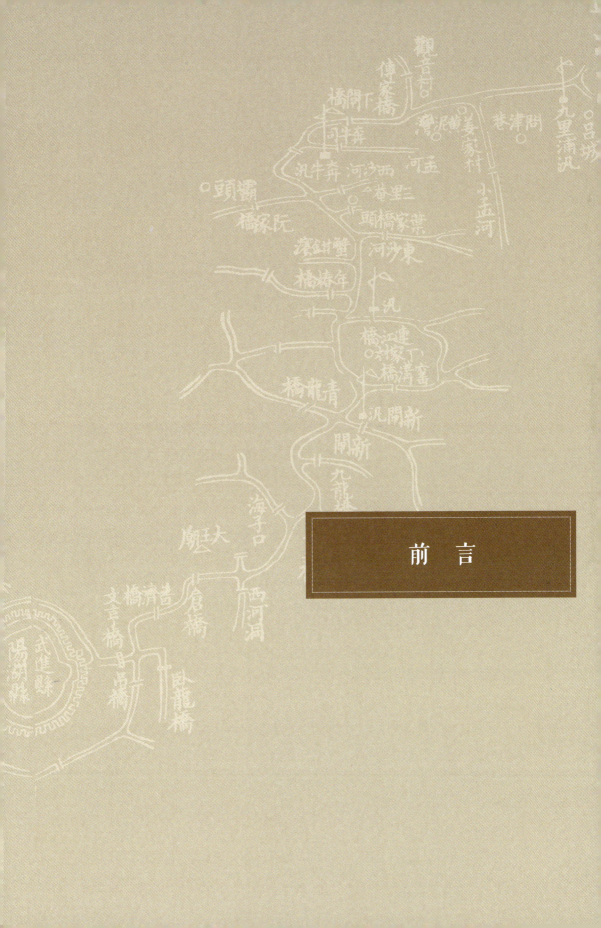

前　言

大运河北起北京，南至浙江、全长近 3200 公里，开凿至今已有 2500 多年，是纵贯我国中东部平原的内陆水道系统，也是一部书写在华夏大地上的宏伟诗篇。历经两千余年发展演变，大运河至今仍发挥着重要的交通、运输、行洪、灌溉、输水等功能，在保障中国经济繁荣和社会稳定方面发挥了重要的作用。大运河是世界上距离最长、规模最大的运河，传承着中华民族的悠久历史和文明。2014 年 6 月 22 日，大运河正式列入世界遗产名录。依据历史上的分段和命名习惯，中国大运河共包括十大河段：通济渠段、卫河（永济渠）段、淮扬运河段、江南运河段、浙东运河段、通惠河段、北运河段、南运河段、会通河段、中河段。其中江南运河常州城区段被列为世界遗产大运河的 27 段河道之一。自此，常州拥有了第一个世界遗产。

常州是一座因河而生、因河而兴的国家历史文化名城，素有"三吴襟带之邦，百越舟车之会"的美誉。自春秋时期吴王夫差开凿江南运河，常州就成了重要的交通枢纽，先民们在此筚路蓝缕、休养生息。自战国常州土城依河而筑开始，此后的历朝历代，便依托运河，相继构筑起常州内子城、外子城、罗城到新城的城厢格局。常州城池"依运河水而生，引运河水而筑"，在城市扩张的过程中，运河也随着城池的不断扩大而多次向南改线，最终形成了"三河四城"的古城格局。运河是常州的母亲河，也是铭刻常州城市发展的年轮。

一般认为，现今南市河也称前河，为春秋时期运河位置所在，曾是常州最繁华的区域。沿岸的青果巷，又名千果巷。《常州赋》云："入千果之巷，桃梅杏李色色俱陈。"当时青果巷段运河之上船舶云集，沿岸成为南北果品集散地。由于运河水浅船多，元至正年间（1341—1368）在春秋运河南侧即今吊桥路所在位置修城南渠以分流，明正德十六年（1521）城内船舶完全改行城南渠。明万历九年（1581）常州知府穆炜向南另筑新河，也被称作明运河。

运河南迁之后，春秋运河不再是交通要道，却因环境幽雅，成为官宦名绅的聚居地，深宅大院毗邻，流水人家相映，被称作"江南名士第一巷"，是常州古城历史文化的精华所在。也有学者认为运河最早经过常州应该是走的直线，即沿着前后北岸的所谓"后河"而行，并非沿着"前河"，所谓"前"、"后"不是时间上的差距，而是地理上的相对位置，南为前，北为后。这种观点较新，但也有合理之处，显然运河直行更利于船舶的通行。王国维曾提出"二重证据法"，就是把发掘的出土文物和史书的记载相互验证。当下的大胆假设，未来可在城市考古的过程中寻找更多实证。

大运河推动了常州从经济到文化、常州人文精神与智慧的全面发展，从而孕育奠基了常州文明。自隋朝以来，大运河常州段上通京口，下行姑苏，被称为"贡赋必由之路"，发挥着漕粮北运、维系国家稳定繁荣的重要功能。漕运时代结束之后，汩汩流淌的大运河又催生了以"豆、木、钱、典"四大行业为代表的运河经济，至近代常州运河成为民族工商业的摇篮。常州运河之畔大师辈出、精英不穷，走出了唐荆川、盛宣怀、瞿秋白、张太雷、史良、刘国钧、赵元任、周有光等一大批名人大家，清代著名文学家龚自珍赞叹："天下名士有部落，东南无与常匹俦"。沿运河南来北往的名流文仕更是不胜枚举：史载北宋大文豪苏东坡14次游历常州，并终老于常州白云溪畔藤花旧馆；乾隆帝四临常州并题诗6首，咏江南美景。常州大运河千年流淌，积淀了丰厚的文化资源，赋予了深厚悠久的文化内涵，沿岸拥有众多文化遗存和历史遗迹。其中以老城厢段文物资源最为丰富，形成了以青果巷为代表的街巷文化、以唐氏八宅为代表的名宅文化、以天宁寺为代表的宗教文化、以恒源畅厂旧址为代表的工业遗产文化等，这些都是运河城市文化的重要部分。除了常州城之外，运河及南北支河岸边形成了不少镇村聚落，或沿河而立，或另引新河并沿新河分布，如奔牛镇、焦溪村、横林镇、余巷村、孟河镇、西夏墅镇、魏村镇等。在本书中，系统梳理了常州运河主干沿线较为重要的文物资源，以图文并茂的形式展现了文物魅力，挖掘阐释大运河蕴含的核心价值，为常州大运河文化遗产保护传承提供参考。为便于读者寻访，在主城区则以七个历史文化街区和历史地段总体介绍，其余零散分布的文物资源，在介绍顺序以地理位置为主要考虑。

运河沿线文物资源的价值是大运河作为世界遗产价值的组成部分。世界遗产视野下的常州运河遗产保护利用，不仅仅立足于常州，更加要高举以世界的名义守护运河的旗帜，坚持在保护中发展、在发展中保护的理念，加强运河沿线建设管控，保证运河环境风貌的最小干扰。大运河在常州从穿城而过到绕城而过，带来了碧波荡漾、蜿蜒流淌的河流之美，以及与河流两岸的建筑、河流之上的桥梁、人民生产生活的场景相互映衬的人文之美，这是自然与人文相交融的和谐之美。人们感受着、欣赏着、体验着大运河文化生命之美，使得河流的文化生命价值得以充分体现。当然，人们在享受大运河文化生命审美价值的时候，更应该珍惜爱护大运河，使它保持健康的自然生命。

运河沿线曾经是常州最为繁华的地段，运河沿线经济振兴同样关系百姓福祉。大运河作为沟通南北交通要道的漕运时代已经结束，打造大运河文化带，是新时代党中央、国务院作出的一项重大决策部署。如何充分挖掘大运河丰富的历史文化资源，保护好、传承好、利用好大运河这一祖先留给我们的宝贵遗产，成为沿线运河城市共同的课题。2020 年 7 月国家文物局牵头、会同文化和旅游部、国家发展改革委联合印发《大运河文化遗产保护传承专项规划》，提出了以文化遗产保护传承为灵魂，明确了大运河文化遗产全面系统保护的目标，要使大运河成为新时代宣传中国形象、展示中华文明、彰显文化自信的亮丽名片。

理性而聪慧的常州人一直在思考，怎样更好地保护运河遗产，延续运河文脉，传承运河文明。大运河文化带建设首先要保护好运河文化遗产。在保护大运河的同时，也在探索充分发挥运河遗产价值，古为今用、强化传承，提高公共文化服务供给，更好地满足人民日益增长的美好生活需要，提高城市软实力。在众多运河遗产类型中，常州的工业遗产具有鲜明的地方特色。一座城市的工业遗产记录着这个城市社会经济、产业水平和工业技术方面的变革，具有明显的区域特征和历史传承。本书梳理了清末民初常州近代民族工商业蓬勃发展的历程，较为全面地阐述了恒源畅厂、戚机厂、大成一厂、大成二厂、大成三厂、大明厂等一批工业遗产的内涵价值，彰显常州工业明星城市的文化内涵。工业遗产是常州运河文化带建设的重要资源，在常州近现代工业发展史上，像蒋盘发、刘国钧这样富有创业精神和重视企业内部管理与质量管理的企业家比比皆是，他们代代相传，为常州开创"苏南模式"，成为"工业明星城市"提供了宝贵的精神财富，也必将为常州工业智造明星城建设提供坚实的工业历史文化底蕴。按照护其貌，显其颜，铸其魂，扬其韵的思路，在借鉴国外工业遗产保护与利用的理论与实践经验的基础上，本书总结了国内外对工业遗产的保护与活化利用大致可以归纳为四种类型：博物馆保护模式、景观公园改造模式、综合物业开发模式、创意园区（街区）利用模式。基于上述的分析，结合当前常州工业遗产保护利用的基本情况，以恒源畅厂旧址、戚机厂旧址等工业遗产为案例，对常州工业遗产的保护与利用进行探讨，提出了打造工业遗产活化利用的常州模式。

数千年来，无论是古运河、老运河、新运河，几度变迁，几度衰兴，都促进了百姓的福祉、民生的幸福。保护运河、共享运河、传承运河，是运河沿线市民的共同心愿。大运河文化带建设又一次赋予了运河新的生命和勃勃生机。文化是城市前进的原动力和持久力、是城市发展的方向性和目标性、是城市信心的出发点和归宿点。汇秀江湖的常州运河，积淀了常州丰厚的文化资源，赋予了深厚悠久的文化内涵。运河遗产作为城市文化不可多得的核心资源，应该在城市灵魂塑造起到无可替代的作用。保护好、传承好、利用好大运河宝贵遗产，是常州运河儿女义不容辞的责任。大运河永远是常州城市的灵魂、人民的家园。

第一章　常州城市发展与运河水系的关联研究

　　常州古城的历史从公元前 547 年季札封于延陵算起，已有 2560 多年建
邑史。常州位于长三角平原环太湖地区，北临长江，南濒太湖，京杭大运河
穿城而过，具有"临江、濒湖、拥河"的独特区位特征。清代方志名家李兆
洛为家乡编纂的《道光武进阳湖县合志》卷三"舆地志三、水道"总述全境
以运河为纲的水系有："毗陵枕江蹈湖，运河贯其中，无高山大川，其原皆
肇于西北，其委皆竟于东南……故以运河为经，左右诸水为纬。"

　　古代常州水系以大运河为经，以南北诸河为纬，不仅形成了纵横交错的
运输水网，而且逐渐形成了以大运河为基轴的城市中心及以大运河为中心的
城市经济带和城市格局。从此，常州便成为"自苏松至两浙七闽数十州，往
来南北两京，无不由此途出"的以水航漕运为主要标志的交通中心，进而带
来了常州经济与各项社会事业具有"三吴襟带之邦，百越舟车之会"的繁荣
特色。

　　常州的大运河起源于周敬王二十五年（前 495 年）吴王夫差开凿的江南
运河，东起苏州望亭，经无锡、常州至武进奔牛、孟河而入长江，是为后来
的京杭大运河江南段，其中常州段就是常州古运河。常州最古的运河，是位
于前后北岸处的"后河"。隋唐宋元时代的古运河，改走青果巷，古人称之
为"前河"。今天的大运河走广化桥、同济桥（德安桥），是元代"常州路
总管府"判官袁德麟疏浚宋代罗城的南城河以分流运河船只而来。2008 年新
运河开通，城内运河断航。运河从穿城而过、环城而过到绕城而过，城市的
格局也随运河的几次变迁而变化发展（图 1-1）。

　　大运河以其特有的经济文化价值，成为沿岸城市兴起、发展和变迁的重
要原动力，与沿岸城市相伴相生，共同发展。城市兴盛，则运河的功能与地
位较高；城市衰落，则运河的功能与地位也减弱或湮废。今天考察大运河沿
岸城市时就会发现，运河从丹阳到常州、无锡、苏州处在一直线上，相邻城

图 1-1　青果巷段即"前河"

市的间距几乎相等，其所间隔的距离相当于古代先民一天的舟程。显然这些城市的前身，都是由依运河而设的供过夜用的集镇、客栈（官办的则称为驿站）发展而来的。这是江南城市起源与布局的一大特色。运河是这些江南城市名副其实的"母亲河"。

今天的常州城也是由运河沿岸的集市和驿站发展而来，是一座充满经济活力的城市。常州是典型的江南水乡，运河是常州城内水系的主干和总纲，常州城内的其他河流水系都源自运河并归于此运河。同时运河也是常州城市发展的原动力，常州城市格局随运河的变迁而发展。

（一）江南运河（常州段）溯源及先秦至
南朝常州城市的兴起

大多数人可能以为常州最早的城是淹城、阖闾城或季札的延陵邑城，其实常州"成市"更早，常州"成市"的起点应是大禹乃至新石器时代江南运河的开通，而常州"筑城"的起点，便是春秋末战国初范蠡的筑城与石龙嘴的引水工程。

1. 江南运河溯源

江南运河在隋炀帝之前即已存在，江南运河常州段更是历史悠久。《南齐书·州郡志》记载"丹徒水道，入通吴、会"，证明早在齐梁时期，江南运河之初的河道即已存在。《史记·河渠书》记载"于吴则通渠三江五湖"，证明江南运河在西汉就已经存在。

江南运河还可以溯源至夫差。《咸淳毗陵志》卷十五"山水"记载："西蠡河，在'南水门'南，……单锷《水利书》记载：'范蠡所凿。'"值得注意的是，西蠡河过运河后，并无继续北流入江的河道存在，这证明范蠡开西蠡河终结于运河，也就证明运河是主流，西蠡河是支流。如果西蠡河穿运河后仍然北流入江，则其与运河的地位平等，无法判定孰先孰后。今西蠡河流入运河便终止，这就能证明先有运河，再有西蠡河，证明常州段江南运河在范蠡之前就有了。范蠡开西蠡河，说明这儿肯定有集市存在，即常州城的前身，才会开河至此。集市显然因河而起，集市的孕育非朝夕之功，至少得几十年乃至上百年，因此江南运河在范蠡同时代的夫差前便已存在。

江南运河再往前溯源至周康王。丹徒镇东 16 公里 "烟墩山" 大型土墩墓出土 "宜侯矢簋"，载明是周康王把 "虞侯矢" 册封在丹徒 "宜" 地为 "宜侯"。而 "虞、吴" 两字古代通用，虞侯就是吴侯。这便是西周初年的第三代天子让吴国由梅里迁都京口的记载。

江南河网密布，行路要造桥，在当时生产力低的情况下，江南陆路很少，交通全靠水路，所以吴人 "一日不可废舟楫"，其定都京口（今镇江）肯定要开河至此，而 "宜侯矢簋" 又提到此地 "厥川三百"，而丹徒境内最大的河道便是江南运河，这就是江南运河在周初已存在的确证。当时镇江为海门，"京口" 地处江海与大运河相交会处，战略意义非常重要，故周天子要命吴国移镇于此。

《左传》记载公元前 486 年 "秋，吴城邗，沟通江、淮"。这是指吴王夫差为北上伐齐争霸，而在邗城开连通长江、淮河之沟，似乎是说邗沟为夫差所开，其实《左传》又载，百年前夫差的曾祖父吴王寿梦于成公 "七年（前 584 年）春，吴伐郯"。而吴国出兵都要走水路（吴人不习车战），这证明夫差前一百年即已有邗沟，只不过夫差时出征士兵数量多，需要先整治河道才能出兵；而寿梦时出兵少，不用整治河道便可出兵。

"唐宋运河考察队" 编的《运河访古》中，田余庆先生在 "前言" 中指出："江南运河的关键部分是北段，即今丹阳至镇江一段，这一段运河，推测也是吴王夫差时初开，或者吴王就山间自然河道，部分地修治利用。吴王过江争霸中原，很注意利用水路，他既然能开通邗沟于江淮之间，又能从海上攻齐，也当有可能于自己的后方尽量利用水道以通长江，从而构成这段运河的雏形。"

江南运河还可溯源至泰伯。《吴越春秋》卷一言泰伯奔吴至梅里后，"起城周三里二百步，外郭三百余里，……人民皆耕田其中"。起城三百里显然无法作军事防御，当是像 "陵水道" 一样围湖造田的堤防工程。此城一般的围堤中，有一条从无锡城下大运河通到梅里，再通到漕湖（又名蠡湖）的泰伯渎，应该是泰伯围田中的主干渠，同时又可作为吴国首都梅里西至无锡、东到苏州的交通水道。

《太平寰宇记》卷九十二 "无锡县" 记载："太伯渎，西带官河，连范蠡渎，入苏州界。淀塞年深，粗分涯岸，元和八年，刺史孟简大开漕运，长八十七里，水旱无虞，百姓利之。"可见孟简是在前人基础上重开此河。虽然文献没有记载谁人开此河，但此河以"泰伯"命名，而且后人还在渎上建有"泰伯庙"，以纪念泰伯创开此渎，可推测此渎为泰伯所开。范蠡又从苏州开蠡渎到蠡湖，接通泰伯渎，这也证明泰伯渎是范蠡之前人所开。此渎从泰伯所都的梅里往西，汇入无锡城下的江南运河，这便可证明无锡的城市与运河早在泰伯筑此渎时便已存在，不然泰伯之渎便不可能止于无锡城下。由于泰伯渎流入运河后，未见其对岸有大河通太湖，可证泰伯渎只流入运河，不可能先有泰伯渎，后有江南运河。既然第三代周天子时，京口已有江南运河，泰伯所处的商末周初，无锡已有江南运河，则两者之间的常州段江南运河，在泰伯时便已存在当无疑议。

江南运河甚至可以溯源至大禹，甚至新石器时期。中国的治河始于大禹，《史记·河渠书》中云："禹之治水，於吴，则通渠三江、五湖。"常州宋代地方志《咸淳毗陵志》卷十五"山川"："运河，……《史记》云：禹治水，于吴通渠贯江、湖。"

江南河道纵横交错，水网密度全国第一。距今约 6000 年常州圩墩出土的马家浜文化晚期的木船桨、木橹，是中国最早的木橹，号称"天下第一橹"。常州武进淹城出土长达 11 米的整段大原木挖空而成的独木舟，在同类中最古老完整，号称"天下第一舟"。这都证明江南水运全国最早，具有开最早大运河的技术条件。而"天下第一橹""天下第一舟"一同在常州境内出土，也说明常州之地有着全国最优越的水运条件和水运基础，水运最发达。江南运河可能是新石器时代的先民所开。江南运河是全中国最早的运河，是京杭大运河最早段，以常州段为代表的江南运河在全国运河与京杭大运河中，具有独特而重要的地位。

2. 远古至先秦常州成市、筑城的起点

古人逐水而居，船只往来快捷而便利，水源和道路（包括河流之水道）是集市形成的前提，江南运河是大禹乃至更早的新石器时代稻作文明的产物，所以常州这一集市的形成，历史非常古老，比上面所说的"淹城、阖闾城、延陵邑城"都要古老很多。

常州成市很早，但其筑城应当是越灭吴而占领江南后范蠡所为。范蠡精通风水，为常州筑城而引来"中江"秀水作为宜兴通常州的运河，在水口处

筑起"石龙嘴"，使常州这座内子城的引水河岸获得"卧龙地、卧龙街"的美名。

在古代，由于有"中江"水的注入，宜兴水势盛大，水位远比常州要高，所以宜兴的荆溪水便从滆湖和常州南境诸河流入运河，然后再走常州运河以北诸河入江，其中最著名的一条，便是宜兴城流到常州城的"南运河"，相传是范蠡所开，所以又名"西蠡河"。单锷《吴中水利书》和《咸淳毗陵志》均有记载（图1-2）。

范蠡开此西蠡河穿运河而过后，便是常州城"内子城河"的引水河，然后便为内子城河，其水再由化龙巷处的"化洞河"（即惠明直河）汇归运河。没有西蠡河的引水，便没有内子城河，而西蠡河是范蠡所开，由此可以推断"内子城"这座常州最早的政府机构，可能是范蠡所建。范蠡城的格局，也即后世的"内子城"。

之所以断定常州城此地作为"延陵邑"是从范蠡开始，而不是从季子开始，便是因为"内子城"的城河是靠西蠡河引水，而西蠡河是范蠡所开，如果内

图1-2　南运河

子城是范蠡之前所造，便不能以"范蠡"命名。

常州城的运河是"西北—东南"走向，范蠡所筑的内子城是按照"正南—正北"的方向建筑，这是因为古人"坐北朝南"，所以要按正南正北方向来规划。其城建于运河北岸而非南岸，也是古人"坐北朝南，以北为尊"的缘故。其城距离运河有一定距离而非紧贴运河建城，是因为当时沿运河发展的集市具有一定的纵深，其纵深在范蠡时代，便已有内子城西南角到运河间的距离那么宽了。

内子城河从西蠡河引水后，又从化洞河回归大运河，使中江秀水在滋润内子城肌体后，全部回归运河，构成一个"既有来龙、又有本体、更有去脉"的完整的城池水系体系。

3. 秦汉以后的子城

《越绝书·外传记吴地传第二》记载："秦始皇帝三十七年，坏诸侯郡、县城"，这是说：秦始皇临终那年，下令把六国的城墙全给毁掉，只有秦国的城墙保留不毁，以免六国作乱。因此舜过山下的季札"延陵邑城"，以及内子城处的"毗陵县城"都可能毁于当时。后来秦始皇驾崩，不久天下大乱，又重筑此城。所以今天的内子城虽然是范蠡所建，但已是后代重建。

常州城西晋与秦汉的格局相同，唯毗陵县升格为毗陵郡，内子城改成毗陵郡治，毗陵县治则迁到内子城南门外东南方向（即原老市政府处）。东晋同样如此，只是"毗陵"改成"晋陵"，宋齐梁陈都与东晋相同。

西晋永嘉三年，在县治南大门东侧跨"化洞河"建有县桥，以方便晋陵县治的出入。由于运河北岸是繁华集市，人来人往非常密集，于是东晋永和三年，在此街跨北邗沟处建起"五熟桥"。齐建元年间，在太平寺前跨运河建太平桥。梁大同元年在自然或旧有河道上建新坊桥。

4. 后河——常州最古运河及沿岸的"市"

（1）常州最古运河在前北岸

常州先民所开的最早运河究竟在哪里？很多人认为是在青果巷处的"前河"，其实常州城最古老运河应当走前北岸处的"后河"。"前河""后河"之"前"与"后"也并非是开河时间的前后，而是指方位的南北。古人坐北朝南，以南为"前"，以北为"后"。"后河"原本宋前就有，北宋只是重开。

运河从丹阳到常州、无锡、苏州都在一直线上，相邻城市间距几乎相等。

笔直而来、笔直而去的运河，到常州城下为什么要弯曲一下，绕道"西下塘—青果巷—麻巷"，打了个弧线形？在平原上开河，应当笔直开凿最为经济，航行也最为省时；除非这儿有山丘阻挡，否则不会舍近求远、故作迂回之态。但常州城恰恰没有山丘，那直河为什么到常州城要弯曲呢？在这条直线上有没有可能以前也有条河呢？

巧合的是，常州城内与运河处于一直线上，的确有条古老的河，人称"后河"。后河以前后北岸西端的"顾塘桥"为起点，沿今天的延陵西路、延陵东路笔直向东，与城外古运河那条笔直来、笔直去的直线相重合。而"青果巷—麻巷"处的"前河"则在元丰桥处与这条"后河"汇合。从这个走势来判断这两条河"孰客、孰主"，显然，与城外运河一直线上的"后河"应当是主人，前来与此直线相交汇的"前河"是来宾。

但令人疑惑的是，常州地方志却记载这条事关常州文风鼎盛的"后河"开凿于"前河"之后，是北宋李余庆所开。《咸淳毗陵志》卷十五"山川"、宋代常州名士邹浩《道乡集》卷三十二《书毗陵后河兴废》、《咸淳毗陵志》卷二十邹补之《重开后河记》都记载了李余庆开前河之事。

然而仔细考察"后河"上桥梁的建造年代，却发现后河年代久远，决非宋代所建。《咸淳毗陵志》卷三"桥梁"记载，后河上共有六座桥：瑞登桥，俗名"顾塘"，在外子城南一里。肃华桥，俗名"葛桥"，在瑞登桥东，唐如意三年建。显子桥，在肃华桥东。荐桥，在显子桥东。水华桥，在荐桥东。伪吴兴善二年建，或云南唐后主时建。里虹桥，俗号"八字"，在水华桥东，与运河合流，唐仪凤二年建。

六座桥中有两座标明唐代所建，而且都在初唐："仪凤"是唐高宗年号，"仪凤二年"为677年；"如意"是武则天年号，仅一年，同年即改元"长寿"，所以"如意三年"应该是"长寿三年"即694年。一座标明五代所建。另外还有三座没有标年代。有河才有桥，如果"后河"是北宋所开，其桥自然也当"因河而起"，最早也是北宋所造，不可能北宋所开河上，有唐代所建的桥！所以，宋人众口一词的"开"不可以理解为"创开"，而当理解为"重开"。凡古人所说的"开河"（包括下文所提到的隋炀帝开运河），均是同样道理，即不一定是"新开"，而很可能是在前人基础上的"重开"，即重新疏浚。

如果后河是李余庆从无到有的"创开"，长三百丈，宽三十尺，且不论其土方，就常州城当时的情形，如此迅速也令今人惊诧不已。因为，开河之处是州城内的繁华闹市，寸土寸金，民居密集，动迁工作远比开河的土方工程来得艰巨。在当时土地私有的社会体制下，肯定会民怨沸腾。因此，这种在繁华闹市拆迁，从无到有地开出一条新河来，基本上是不可能的，而且仅一年便迅速完成，不但没有民怨沸腾，还受到邹浩这样天下知名的人士所敬仰，显然更加不可能。李余庆能在短短一年时间内完成这一工程而未"众怒人怨"，只有一种可能，那就是根本就没有经历大规模的拆迁，完全是利用埋塞成路的旧有河道再开而来。再加上上文所揭示的此处唐代已有桥梁，便可以更加有力地证明：后河是唐及唐以前就存在的古河道。后河并非如方志记载为北宋李余庆所开，而是早已存在，北宋李余庆只是重开（图1-3）。

（2）最古运河两岸孕育着常州的集市繁华

自古以来，大禹或新石器时代江南运河的开通，集排灌泄涝与交通贸易于一身，河是水路，而河岸便是驿道，常州沿河岸之街道就是沿河形成的集市和客栈，新石器时代出现国家政权后，在此设立官方的驿站，在集市设置管理工商的行政机构。无论是最古运河"后河"两岸，还是隋代开通的"前河"两岸，自从此河形成以来，就形成了常州繁华的集市区，并不断沿河向东西两个方向发展。

后河又名"市河"，两岸是繁华集市，《咸淳毗陵志》卷十五"山水"

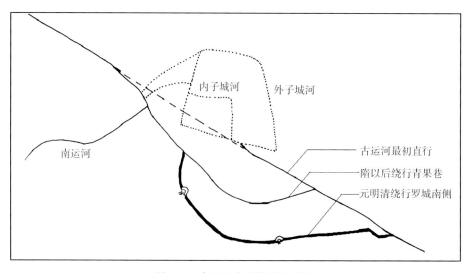

图1-3　古运河水系推测示意图

记载："后河,俗号'市河'。"宋代武进、晋陵两县交界处的"互市"就在后河两岸,唐宋设有"市易务"管理,市易务设市令、市长,"市长"一职最初是经济职能,与今天行政兼经济既有区别又有联系。

后河两岸因河而发展有繁华的集市,如后河南岸有鱼行。《咸淳毗陵志》卷三"坊市"记载:"孝仁东坊,自大市鱼行以东至通吴、和政门。孝仁西坊,自大市鱼行以西至武进双桂坊。"此"大市鱼行"就是今天的"鲜鱼巷",古人写作"鲜鱼行"。明清时城市日益繁华,寸土寸金,集市(大市)让位于居民区,不再有"商行",于是把"行"字改"巷",同样"青果行、果子行"等改"青果巷、果子巷"等都是一样的原因。同样还有铁市,《重开后河记》记载南宋的"铁市"设在"市河"两岸,售卖铁制的生活、生产所必需的工具,明清时才迁到南大街的"铁市巷"。从文献资料可以看出,因为有古老的运河,两岸发展为繁华的集市,运河是常州城市产生、发展的动力。

(二)隋朝运河改道青果巷"前河" 及隋唐常州城市的发展

1. 隋朝运河改道"前河"

这个时期重大的标志性事件便是隋炀帝改河。隋炀帝开通大运河江南段,何以舍弃"后河"直脉,选择绕道城南青果巷的"迂脉"呢?即常州城段古运河何时由"后河"改道"前河"?这是因为隋炀帝要开的江南运河等级太高,常州城旧有的古运河(即"后河")拓不起、开不动,无法达标、完成任务,所以只能绕道城南当时并不繁华之处。

关于江南运河的开河标准,《资治通鉴》卷一百八十一记载:隋炀帝大业六年冬十二月"敕穿江南河:自京口至余杭,八百余里。广十余丈,使可通龙舟。并置驿宫、草顿,欲东巡会稽。"会稽即今绍兴。隋代著作郎杜宝《大业杂记》又载:"其龙舟高四十五尺,阔五十尺,长二百尺。"龙舟宽达五丈,还要双向行驶,所以隋炀帝开的江南运河至少要十丈宽。此前河道显然没这么宽,现在都要按此标准重开。隋代的一尺合29.6厘米,龙舟高45尺,即13.32米,可以想见:沿途所有的桥梁都无法达到14米高,于是都得拆除或重造，否则龙舟无法通行。运河沿途的埭堰、船闸也会因拓河而重建；也可以拆除，把河挖得极深，不用埭堰也能有足够深的河水来航行。堰闸的重造与河道挖深的难度，都会因河道的大为扩大而大大增加。

就常州而言，自秦汉以来就是县城所在，自西晋以来更是郡城所在，古运河（即"后河"一线）两岸全都是繁华的闹市区，民居密集、鳞次栉比，密不透风；宋代的后河仅宽三丈，而后河又是李余庆在旧有河道基础上重开而来。闹市开河自然没有余地可以加宽，因此宋以前的隋代后河之宽当与之相同而仅为三丈。如果要按照隋炀帝通龙舟的标准来拆迁开河，至少要加宽两倍，工程浩大，扰民且劳民，还不如在民居相对稀少的城南重开河道，虽然行程略长，却功省而民乐，工程易完，容易达标，可谓两全其美。所以舍弃"后河"直脉，绕道城南青果巷处"前河"。于是从隋炀帝开始，常州城段的大运河便改道城南。

后河这条古运河最初可能仍保留其"运河"功能，但显然不会得到运河（青果巷处前河）那样的维护、修整，河形日渐狭窄、淤塞，其运河航运功能可谓与日俱减，船只自然都以城南青果巷处的"前河"作为运河"正途"。因此到五代建造"外子城"时，后河的运河航运功能便被彻底废弃。

2. 前河两岸的繁华集市

运河的通航无疑会带来充沛的商机和活力，而城南新运河的开凿则会促进常州的繁华进一步向城南（即新开的隋唐运河以南）扩展，其突出的例子便是青果巷运河对岸的南邗沟上有一系列唐代桥梁出现，证明古运河南岸也成了繁华区。

青果巷前河有关于市的记载，也是街市所在。常州城内的集市都沿运河形成：后河是最古老的运河，所以形成最古老的集市；隋代开通前河后，又形成一个新的集市。由于前河是后起的，其规模和繁盛虽比不过后河的古市，但依旧非常繁华。

前河的集市功能不如后河突出，主要有两点原因：一是后河处是最古老的运河所在，两岸集市自然要比前河处的集市发育早而根深蒂固、枝繁叶茂，更为发达，这是"先发优势"的体现。二是前河处的河岸设有"毗陵驿"，驿站占据了很长的河岸，而且又设"排岸司"管理运河中的官府驿船与民间船只的通航、停泊，又要占据两岸很多河岸，导致沿河的商业性功能要迁就行政性的驿站，所以集市的规模远不如后河兴盛。

隋唐"青果巷"运河开通后，在运河边形成的集市，分布在隋唐宋元"毗陵驿"的东西两侧：其东在"元丰桥"处与"后河古市"相连，其西边则一直沿"西瀛里"出"表场"再往西到米市河、豆市河。船只靠右行驶，东来的船只自然在河的北岸停靠交易更为方便，北岸自然会形成集市。虽然西来的船只似乎要在南岸成市更为方便，但由于古人以北岸为上塘、南岸为下塘，运河上又不大可能建桥，城市人口聚焦区又在运河北岸，不大方便到南岸来贸易，所以隋唐运河"前河"上的集市全部聚集在北岸而非南岸；因为设在南岸的话，北岸的市民要摆渡前来贸易，非常不方便，所以前河一线的南岸（除后来因漕船停泊而形成的"米市河"外）未能成市。

3. 前河之市的繁盛轨迹

由于和平年代人口呈几何级数增长，"前河"的运河两岸也开始成为人口繁盛区，到五代罗城建造时，便将其囊括在内。宋代人口继续增加，当时的青果巷因运河与驿道经过而更为兴盛，有大量的驿站、官府、寺院建筑，《咸淳毗陵志》卷首《武进县境图》所绘的"行衙亭、使星亭、东馆、弭节亭、真武院、荆溪馆、法济寺、崇胜寺、忠佑庙、见山亭"等描绘了"前河"两岸的繁华。

宋代称新坊桥以东的运河为"东排湾"（即麻巷），以西为"西排湾"（即青果巷），由于驿桥到新坊桥的运河是一直线，新坊桥到元丰桥的运河又是一直线，都无"湾"的可能，因此，所谓的"排湾"其实应当就是"排岸"一词的音讹。《咸淳毗陵志》卷九《郡官》列有："排岸，二员"，宋代"司农寺"设有"排岸司"，掌管各地到京师的水运纲船的运输事项，"排岸"当是管理到岸漕船的郡级层次的官员（"郡职"）。

宋末蒙古人屠常州，全城房屋全部焚毁，人口全部屠灭，到古村处封刀，仅存"古村十八家"，即今天青果巷北边不远的"古村"，这儿便是元代常州城走向繁华的新起点。正因为此，至元十三年元代所设立的第一个"武进县治"，就在古村南边青果巷处的"西排湾"。元朝将宋"毗陵驿"改造成"水马站"，即水站与马站，所以留下"大、中、小、后"四个马元巷，也就是"马站"养马的马园所在。

（三）五代宋元常州城的格局及与运河水系的关系

五代统治常州的杨吴国，仿照常州地面上现存最古老的城池"淹城"的形制，为先秦至唐常州最高行政机构所在的"内子城"，创建其外围的"外子城"和"罗城"，以"外子城"来包罗近 1400 年来城市所发展出的核心，以"罗城"来囊括近 1400 年来城市所发展出的全部。从而形成与淹城一样的"三城、三河，内方、外圆，两重子城一重外城"的超大型城池格局。常州五代宋元城池共有三道，最里是"内子城"，保卫常州的州治和州学，是常州最高行政机构和最高学府所在。其外有"外子城"，形如金斗，人称"金斗城"。宋代江阴诗人余干《次韵赠无咎学士》诗称："毗陵城如金斗方"，最外是"罗城"（即廓城、外城），长达 27 里。

1. 晚唐重修常州内子城

《咸淳毗陵志》卷三"城郭、州"记载："内子城，周回二里三百一十八步，高二丈一尺，中外甓之……今为郡治。"晚唐景福元年（892 年），统治常州的杨吴政权（淮南节度使杨行密），重修了常州的"内子城"，上引文字中"重修"两字，证明"内子城"是一直存在的。

此次重修显然是在唐末大动乱的背景中，加强城市防御体系所需。既然是防御，所以其外肯定要重新疏浚"内子城河"。此内子城河的南段以"惠明河"的名字存在，从未淤塞过；但其西、北、东像玉腰带般围绕在常州府学与常州府治腰背后的这条河却长久以来一直淤塞。直到明朝万历初年，才由常州知府施观民重新开浚，并赐予"玉带河"这一形象而带有美好风水含义的美名，再度发挥从范蠡时代就有的常州最古老城河的强大风水功效（图 1-4）

2. 五代创建外子城

《咸淳毗陵志》卷三"地理三、城郭"记载："毗陵当五季时邻吴越境，伪吴刺史张伯悰增城筑，方直雄固至号'金斗'。"这说明常州城在五代时属于杨吴和南唐两政权，邻近钱镠的"吴越国"政权的边境，杨吴常州刺史张伯悰在顺义年间（921—927 年），出于战争防御的需要，增建了常州的城池建筑。即在旧有的"内子城"外面，建起一圈"外子城"和"外子城壕"，其形状方正、雄伟、坚固，被人称誉为"金斗城"。

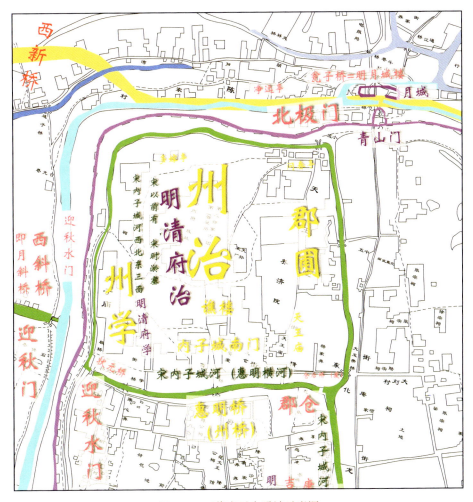

图1-4 五代宋元内子城示意图

书中又言："外子城，周回七里三十步，高二丈八尺，厚二丈，中外甃之。上有御敌楼、白露屋。伪吴顺义中，刺史张伯琮增筑，号'金斗城'。"此城以"外子城"命名，证明其时尚未把常州城所有的繁华区包围在内，只是初步建起一个核心城。子城就是内城之意，也即核心城之意。这也证明从秦汉到五代，经过千余年的发展，常州的核心城部分已经由内子城扩大了很多。不久后的公元936年就造起"罗城"，来包罗常州城内的繁华部分，以免毁于吴越国的侵略。当然，此罗城内建造时还是包入许多空旷区，相当于为城市发展预留空间。

"外子城河"也是从石龙嘴处引水，与内子城河的引水河平行走了一段，然后分道扬镳，在今西新桥附近流为环绕外子城的"外子城河"，两河之间所夹的街道称为"卧龙街"，此街沿着"内子城引水河"的北岸走"西斜桥"进入外子城的西门"迎秋门"，而"内子城河"则由其北侧的"迎秋水门"进入外子城。

外子城为什么不可以和内子城共用一条引水河？那便是因为此内子城引水河从范蠡建筑内子城时就有了，到五代筑外子城的顺义年间，经过1400年的发展，两岸肯定非常繁华，不可能再加以扩展了。而内子城引水河的宽度与内子城河肯定要一样宽，外子城城墙比内子城城墙还要高大些，其外子城河可能比内子城河还要宽些。这就意味着同样的水，以前可能一小时就能灌注完内子城河，而现在因为有了外子城河，灌注完毕可能需要两三个小时，所以需要为外子城单独开一条引水河，使其河宽与内子城河一样。

由于运河水混浊，只有"石龙嘴"处的荆溪水是清水，于是还在"石龙嘴"对岸的"内子城河"取水口旁引水。这内、外两个子城河的引水河口并靠在一起，内子城引水河口上有舜宜桥，外子城河口上有卧龙桥。宋罗城建起后，此处设为"南水门"，实为"两水门夹一陆门"（图1-5）。

3. 五代创建罗城

（1）罗城西口

罗城（图1-6）西口同样也与"内、外子城"一样，是从荆溪引水。荆溪秀水是常州"三套城池"的风水之源。图中咖啡色者为宋罗城，而其外一圈银色河流为罗城城河。需要指出的是，内子城引水河（图中绿色者）、外子城引水河（图中湖蓝色者），都是从大运河引"石龙嘴"处的南运河清澈的荆溪秀水（图中淡蓝色者）。而罗城西口的西涵洞桥处的罗城城河，同样也是引对岸的河（图中略深的蓝色）。而这条河正是从图上的"马公桥"处，引南运河荆溪之水到"西大王庙"处，称为"司马沟"，其河口处实为东晋的琅琊王墓，武进县志载其名为司马璿，当是东晋皇室，此沟便以其姓命名为"司马沟"，民间又称作"司马浜"。城内青果巷还为他建有"琅琊王庙"。明代在此西口的琅琊王墓处建为"西大王庙"，是祭拜运河龙神的庙。常州罗城的西城门有意设在琅琊王墓的对岸，为的就是让这位正神为常州城把守西门，为常州的风水格局增添别样的神奇。

图 1-5　五代宋元外子城示意图

（2）罗城东口

罗城东口与西口一样有正神把守，即常州的开邑鼻祖季子。常州罗城的东城门定在水门桥处，就是因为这儿设有汉代以来所立的延陵季子庙。常州罗城的建造真可谓"天造地设"般巧合：以"内子城"所对的金斗门为中心，沿后河一线东行2.6公里的运河北岸是古延陵季子庙所在，西行2.6公里的运河南岸是古琅琊王墓所在，东、西向上如此均衡，堪称神奇。常州罗城的东西城门便因此两大胜迹而确定，从而让两位正神为常州城守门，以表达保佑常州城百姓平安的美好愿望。

（3）常州罗城是当时全国的第四大城

创建外子城后不久，常州即筑起常州筑城史上规模最大的罗城，这显然也是乱世中防御所需，但常州罗城却造得分外巨大，实在是因为常州沿运河发展，东西方向很长，而南北向只有内子城和大市所在的中部核心区最为繁华，越往东西两边越单薄，整个格局便呈现出纺锤状、梭子形、平行四边形的格局，这都表现出：常州城市是以沿运河的街市作为自己的发展动力。罗城主要是尽可能多地把沿运河的长街包罗在内，于是整个城池也就形成了巨形规模。

日本学者斯波义信《宋代江南经济史研究》一书记载常州罗城长度27.1里，在当时排名第四，是宋代全国第四大城，仅次于举一国之力所造的三个国都：南宋首都杭州（外城周长70里）、北宋首都开封（新城周长50.5里）、伍子胥举一国之力规划建造的古吴国首都苏州城（外城周长42里）。而当时行政级别比常州要高的府一级的镇江府（外城周长26.1里）、建康府（今南京，外城周长25.1里），绍兴府（南宋陪都，外城周长24.7里）的城池，都还要比常州略逊一筹。这也可以看出，当时常州沿运河集市发展的兴盛程度。

元代马可波罗在其举世闻名的《马可波罗游记》中，一见到常州，便为其城池气势所震撼，发出由衷的赞叹："这是一个美丽的大城！盛产生丝，并且可用它来织造各种花色的绸缎。这里的生活必需品也十分丰富。"其时距宋末屠城不过十年，便已恢复如初，运河的经济活力由此可见。

（4）常州罗城城池格局考证

其时城墙虽毁，城池仍在，今天的明运河与关河就是罗城的护城河。其河的南段，便是今天的明运河；其河的"青山桥"以东部分，与今天的关河基本一致；唯有"青山桥"以西部分，与今天的关河不一致：今天的关河走的是图1-6中的黄色部分，已经把银色的宋罗城的西北段护城河给裁弯取直了；除这一段以外，罗城的护城河与今天的关河、明运河基本重合（图1-7）。

罗城共有九陆四水十三门，其分别是：

①东门是"两陆门夹一水门"，在今水门桥处。水门名为"通吴水门"，跨运河而设，其北的陆门为"通吴门"，运河南侧的陆门为"怀德门"。

②南门（大南门）德安门，今同济桥古名"德安桥"，即其城门桥，其桥又名"怀安桥"。

③次南门（小南门）广化门，今广化桥是其城门桥。门外西南设有武进县尉司（相当于今天的公安局），所以广化桥又名"尉司桥"。其门外有路

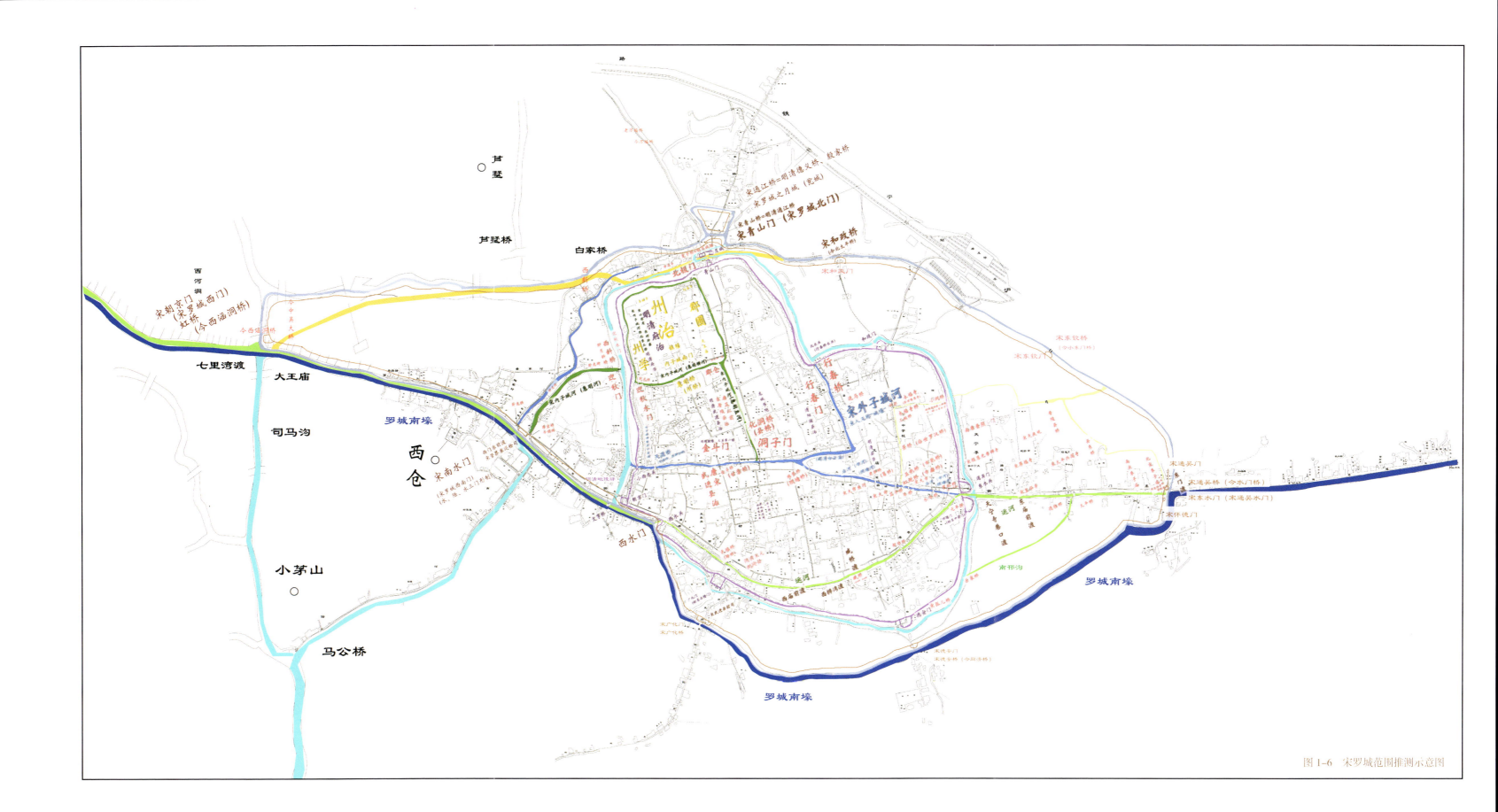

图1-6 宋罗城范围推测示意图

通常州西南的安徽广德，故此门古代又名"广德门"。其门又通宜兴产贡茶的"茶山"，故其路又称"茶山路"。"广化门"是茶山路的起点。

④西南门"南水门"，《咸淳毗陵志》卷二"水程"记载："西蠡河：自南水门，一入滆湖沙子"，可证西蠡河发端于南水门。西蠡河即今南运河，其发端处就是今天南运河与运河交汇处的"石龙嘴"，其对岸的卧龙桥、锁桥便是"南水门"所在。

⑤西门朝京门，所朝之"京"是汴京开封。南宋虽然设都临安，但名义上的首都仍是汴京，故称临安为"天子行在所"，把临安说成是天子暂驻之处，不敢以国都称之，故常州东门"通吴门"在南宋时特地改成"朝天门"，指过去是由西门朝京门去朝见汴京的天子，现在天子的行在是杭州，要从东门去朝天了。

⑥北门青山门，得名缘由，《咸淳毗陵志》引《太平寰宇记》："青山门桥望江阴、海门诸山，故名。"南唐晋陵县令李中作了一首诗，即《登毗陵青山楼》诗："高楼闲上对晴空，豁目开襟半日中。千里吴山清不断，一边辽海浸无穷。人生歌笑开花雾，世界兴亡落叶风。吟罢倚栏何限意，回头

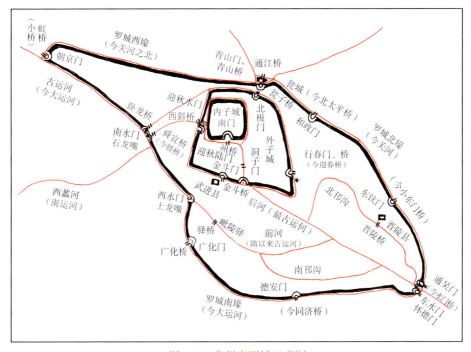

图1-7　常州宋罗城示意图

城郭暮烟笼！"使青山门的由来更具韵味。

宋代的青山门在今天青山桥再往北一点的地方，明代所造的青山门是那时新造的，以外子城的北门"北极门"作为月城，明代的青山门等于往内缩进了两个城门的距离，而把宋代罗城的北门"青山门"和"瓮城"都给废弃了。

⑦次北门（小北门）和政门，今天火车站西的"北太平桥"以前是它的城门桥。明代缩城时，将它移到了今天的中山门处，民国时孙中山由此入常州城，此门及门内孙中山所走之路便改称"中山门""中山路"。

⑧东北门东钦门，今红梅公园北门屠一道根艺馆附近的"小东门桥"以前是它的城门桥。城外有"东卿、西卿"的地名（今讹为"东青、西青"），是宋代光禄卿张昷之、张铸叔侄晚年退休定居处。

上面详细描述了常州九个陆门，其实也提到了东门三门中间有一个是"东水门"，南水门虽为陆门，其东、西两侧其实各有一座水门。此外，常州宋罗城还有一个西水门，在今"土龙嘴"处。

常州不光城池长度位居全国第四，所开的城门也达到一个极高的数字：一共有九个陆门、四个水门，加起来一共有十三个城门（图1-8、1-9）

4. 元代大运河分流城南渠

元代"常州路总管府"判官袁德麟疏浚了城南渠来分流运河的船只，（一说为现吊桥路，一说为现称明运河段）。元代部分分流，明代完全改道，青果巷处的古运河就彻底结束作为运河的使命。

《永乐大典·常州府》卷十六引《毗陵续志》中的元人蒋捷《前府判袁公政绩记》记载："益都袁公德麟，来为判官，……公浚城南外渠以里者九，以分其舟，行者便之。"其书卷十七又引《泰定毗陵志》中的元人文天锡《重浚关河记》："大德辛丑，总府判官袁公，奉檄专开浚关河之责。自东而南，自南而西，延袤凡十里，比旧益深广。"由上述记载可知，元代同隋唐五代宋元一样，常州城段运河仍走经青果巷处的运河，但因为拥挤，大德五年辛丑岁（1301年）时，"常州路总管府"的总管命令"常州路总管府判官"袁德麟，就重新开发早已被填为路的城南旧渠来分流船只。所以从这年起，船只部分从罗城南壕分流，大运河船只一部分走城内青果巷的古运河，一部分走城南关河。大运河全部改道要到嘉靖朝的末年，距今为550多年。

图 1-8　关河（西新桥段）

图 1-9　西水关

（四）明清至今常州城市格局及与运河水系的关系

明清时期重大的标志性事件便是明初缩城和万历朝改运河水口。

1. 明初建"新城"，奠定明清与民国的城池格局

由于经过元末动乱，常州人口锐减，所以明初洪武二年（1369年），汤和为了便于防守而缩建新城，罗城废弃。

《成化毗陵志》卷二"城郭"记载："新城，在罗城内，周回十里二百八十四步，高二丈五尺，甃以砖石，濠阔十六丈，深二丈，洪武二年，守御官中山侯汤和筑。置七门，东、西、南、北、次北名仍其旧，次东曰'中箭'，次南曰'石幢'，门各有楼，外有瓮城。水关四，曰：东水、西水、西小水、行春桥水关。"

城大难守，城小易守。明洪武二年（1369年）汤和为了便于防守而缩城，罗城便彻底废弃。缩建的城被命名为"新城"。最东面从"通吴门"缩到现在的元丰桥北堍，次东面"怀德门"改名"中箭门"，随着"通吴门"一起缩到了元丰桥南，与"通吴门"仅隔一条运河，但仍是五代罗城东门两陆门夹一水门的"三门"形制。南面的"德安门"向内略缩至今吊桥路上。次南面的"广化门"也一同略内缩至吊桥路上，改名"石幢门"。西面"朝京门"缩至今篦箕巷东首的表场，西南"南水门"被废除。北面"青山门"则由明代的通江桥处略内缩至今青山桥处。次北"和政门"缩至今椿庭桥处的中山门。东北"东钦门"也被废除。所以新城城门只有七座了。

罗城城墙虽然被毁，但它的城河"罗城城壕"北半段的"关河"，南半段作为大运河的"南关河"，都被加以保留。外子城因为北段城墙、城河被拆毁，就在它的稍南面修建了新城北段城墙、城河；其余东、南、西三段城墙城河，只要是与新城重叠部分，就都修建成新城的城墙和城河；凡是在新城内的，便保留城河而拆除城墙。内子城河在新城之内，它所受到的影响便是"内子城的引水河"与"内子城河"被割断，从而使"内子城的引水河"成了新城的引水河（图1-10）。

2. 嘉靖朝运河彻底改道城南关河

明嘉靖朝倭寇作乱后，常州城段大运河彻底改道城南关河，从此开始不

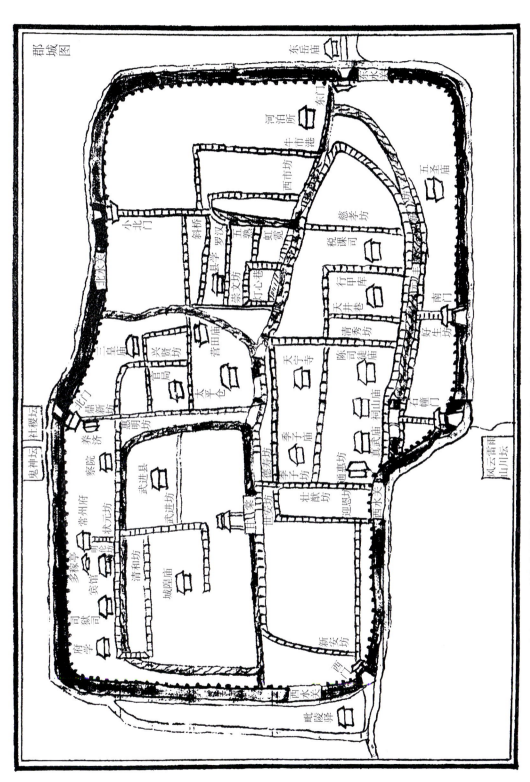

图1—10　明代常州郡城图（据明永乐年间《常州府志》郡城图，同图1—6中紫色线范围）

走城内青果巷。《万历常州府志》卷二"河渠总说"记载："昔年漕河出入东、西两水门，贯城而行。官民之舟，昼夜不息。至嘉靖末，倭乱江南，难于防守，始以城南旧壕为运道。既而又筑'文成坝'。舟行俱从尉司、德安二桥，出东仓侧。至文成坝东，始入运河故道云。"尉司桥即广化桥。嘉靖由于倭乱，常州城因戒严需要，关闭水、陆城门，大运河船只无法走城内运河，所以被迫改道城南旧关河。

倭乱过后，仍旧允许船只走城内青果巷处的旧运道，但因城内旧运河拥挤，所以也会有船只走城南关河。但不久的万历初年改造古运河上"元丰桥""舣舟亭"处两大水口后，古运河直脉有曲折的航道而不便于行船，所以万历朝以后的运河船只全都改走城南关河，也就是今天明运河段，这是运河不再穿城走城内青果巷，彻底改道绕城而过。

运河功能开始日渐从青果巷处剥离；明洪武初年又把隋唐宋元设在青果巷处的"毗陵驿"移到西门"朝京门"外的表场，驿站功能又从青果巷处剥离，这两者便导致青果巷开始日益清静。而且明代驿站搬移后，其空地逐渐被民居占据，慢慢成为适合居住之地。

明代嘉靖朝因倭患而将所有船只改道罗城南壕，原来的驿道也相传只走"东、西下塘"而不走"青果巷"了。青果巷从此完全获得别样的宁静，名虽"驿道"，其实早已成为静巷，更加适合士大夫居住。于是唐氏在此置有八宅。相传董、唐二姓过年时，用栅栏栅断青果巷的出入口，专供两家内眷在巷中游走玩耍，几乎成了唐董两大家族的私巷（图1-11）。

从明代中叶开始，直到晚清、民国，常州文化昌盛，在政治、文化艺术、经济等诸多领域都独占鳌头，成为领军城市。而常州文化的领军人物与众多名人大都聚居在青果巷，群星璀璨，青果巷遂可以称得上是明中叶以后全国的"文昌福地"。回顾青果巷的发展脉络，可以清楚地看到：其由南朝及南朝之前的"清美南郊"，发展成为隋唐宋元的"繁华市井"，最后又升华为明清直至民国的"人文风雅"，此巷具有充分的雅俗共赏性。

3. 东口锁秀——万历初年运河两水口的改造处理

古人相信，城市的水脉关乎一个城市的风水，李余庆开"后河"后，常州科举就达到鼎盛，同样，"东口锁秀"——万历初年运河两水口的改造处理，与"玉带三公"——玉带河的开通，都和常州城的"南运河"荆溪秀水有关，也带来了常州的人文盛事。

南运河的荆溪绿水分两支流入常州城，一支由"土龙嘴"流入常州"西水门"，一支由"石龙嘴"流入旧"罗城"的南水门。唐宋朝的荆溪秀水的水量十分充沛，不必在出水口处锁闭，而明朝因为筑东坝的缘故导致荆溪秀水水量明显减少，于是为了节约宝贵的绿水秀气，万历朝的常州知府穆炜，在秀水出常州明城墙的东门"元丰桥"处和出常州宋代罗城的东门"水门桥"处，做了两件事情。

第一件事便是"凿八字尖"。"后河"往东与"前河"相交，形成一个朝东的刀尖状三角，正对常州城的东城门，即元丰桥处的"通吴门"。中国人的"风水术"历来讲究进门"三不见"，其中之一便是进门不能看到尖角。如果进门处正对尖角（即正对一把刀），会给经常出入此门者的事业、财运、健康造成不良的影响。于是穆知府便把这个"八字尖"给毫不留情地"砍"掉了。其砍法就是让后河在快要到交汇处时，往南弯曲着与前河相交。这么做就一举两得了：首先，一入东门就看不到那把顶在门内的尖刀；其次，后河的绿水在出东门处弯曲了一下再汇入前河秀水，呈回环之势，这就等于后

图1-11　青果巷

河这股文气在新城"东门"处被锁住。

第二件事："筑文成坝"。后河这支绿水在明代常州城墙东门"元丰桥"处得到了风水上的锁住处理，而它与前河相会后的绿水却沿运河直线往东，并没有回环流淌。穆知府便假借对漕运有益（指行船者不要走城内青果巷，全走城南大运河）的理由，故意让这直线流过的绿水河，在快要接近东门的地方转流，往南开河，再走环绕宋罗城东门"怀德门"外的护城河。相当于这支绿水在宋罗城的东门往南绕了个半月形再往东流去，从而形成一个半月岛，这就是今天的"东坡公园"。这样，常州城后河、前河这两股荆溪绿水

图1-12　东坡公园远景航拍

汇合而成的大股绿水也就全都被挽留（图 1–12、1–13）。

经过上述"八字尖""舣舟亭"这一小一大两处水口的锁住处理，常州城的风水秀气便得到了更好的凝聚，常州城在科举上立即涌现出明末一位状元、清代四位状元。这两处水口作风水处理后所取得的科举鼎盛格局，远远超过了开"后河"后，常州城仅涌现一位状元的宋朝先例。关于上述风水改造的记载，可以在《万历武进县志》卷一《左厢图》"图说"里找到。

清代常州运河仍沿用明嘉靖朝以后走"城南关河"，城内青果巷与天宁寺前"古运河"上两处水口改造后，最古运河（"后河"）与古运河（"前河"）都曲折回环，以留住常州文气。而常州明末清初以及"康乾盛世"连出五位状元为代表的科举鼎盛局面，都归功于万历初年穆炜"凿去八字尖"与"开筑文成坝"的心理暗示的功效吧。

4．"玉带三公"——开通玉带河

玉带河是一条玉腰带般环绕在常州行政级别最高的府学（今常州二中）和府衙（今老体育场）身后之河，也就是上面所说的"内子城河"的西北东

图 1–13　东坡公园

三侧河段。这条玉带河其实也是从东西横街处的荆溪绿水分流而来的。新建的城池斩断了东西横街南侧的"惠明河"与从石龙嘴引荆溪秀水而来的"锁桥下河"的联系，所以"惠明河"改从舜宜巷口引水，而舜宜巷前的横河是从小西水关引水，小西水关外的河又是由锁桥下的引水河流来，所以"惠明河"归根结底引的还是荆溪秀水。因此从"惠明河"引水的玉带河，流淌的还是荆溪秀水。

西横街西首的荆溪绿水，往北沿今天第二中学西侧分出一支，往北、再往东绕常州府学与常州府治身后，再由老体育场东侧，在东横街东首处，与"东、西横街"流来的荆溪绿水再度环合（即源于惠明河，复归惠明河），等于为常州府学和常州府衙围上一条"三公"级别的玉腰带，象征这座府学和府衙能走出"三公"（太师、太傅、太保）这一古代最高级别的达官显贵来。

换句话说，这条玉带河把"东西横街"处的荆溪绿水引到常州府学与常州府衙身后，将这两个地方环绕一圈，便能顿时把秀水的文气与滋养输送到常州城级别最高府学与府衙这部分肌体上，在这府学读书的人、在这府衙做知府的人，便都有了"飞黄腾达"到"三公"的希望。于是民间便有了"玉带通，出三公"的谚语。

陈玉璂《康熙常州府志》卷三十八"摭遗"中，便有"玉带河"开通后的风水神功的传奇记载：明万历元年癸酉岁（1573年）施观民来任常州知府，重新开浚了这条自宋代以来久已淤塞成路的常州城最古老的河道"内子城河"。其东南角由于有不愿拆迁安置的"钉子户"存在，出于避让这久已存在的民居，于是这"内子城河"便在东南角上稍微往外绕远了一下，于是百姓们便说："状元当出在无锡县了，因为无锡县在常州府毗陵郡的东南方。"结果次年万历二年（1574年），无锡县人孙继皋便中了殿试第一名。

万历二十一年到二十二年（1593—1594年），担任常州知府的钱守成，在其任职的第二年又开浚了这条玉带河，结果次年，孙慎行便在殿试中成为一甲第三名（探花）。九年后的万历三十二年（1604年），吴宗达又在殿试中成为一甲第三名（探花）。时人认为这两者都是钱太守开浚"玉带河"功效的应验。

清朝李兆洛编纂的《道光武进阳湖县合志》卷三十六"摭遗志"，也记载了"玉带河"开浚后的风水传奇：乾隆二十六年（1761年），知府重新疏浚玉带河后，玉带河的风水神功当年便立见分效：赵翼成为探花，刘纶晋升为兵部尚书，不久又晋升为"从一品"的协办大学士。

虽然晚清在政府层面上放弃了运河航运功能，但常州地方政府和民众仍定期疏浚运河，保证运河的畅通，从晚清一直到20世纪80年代都没有停止过，而且80年代对市区运河段又进行了拓宽改造工程。对于城内的城池水系的变化主要有：解放后拆除全部新城城墙，仅保留西瀛门一段城墙。其新城护城河除南侧填为吊桥路，东南侧的元丰桥至德安门之间的护城河也填平外，其均都保留作为市河。西新桥以西关河裁弯取直，形成新的西关河。卧龙桥下河全部湮废。内子城河及小河沿处小河全部填平为路。觅渡桥小学西侧的内子城引水河全部填平为邮电路。后河（小营前至麻巷北口）填平为路，外子城南壕一直到白云渡、唐家湾、迎春桥、北水关填为路，下作防空洞。南、北邗沟填平为路。

5. 新运河

运河在常州城的第三次改道，便是2004年改道城南的新运河。"京杭大运河常州市区段南移改线工程"2004年底获得批准，2005年6月10日举行了开工典礼，2008年1月竣工，历时4年。西起"德胜河"口的连江桥，流经施河桥、大通河、夏乘桥，东至戚墅堰区丁堰横塔村汇入老运河，全长26公里，全线按照三级航道标准实施，底宽60米，河口宽90米，最小水深3.2米，桥梁净空高度大于7米，可通行1000吨级船舶。航道全线实施护岸工程，驳岸（沿河地面以下，保护河岸的构筑物）全长50.8公里。

运河改道新运河后，城内原运河就失去了航运功能，成了观光运河。随着大运河申遗的成功，原运河的旅游、文化价值逐渐显现。常州市也进行了概念性规划设计，形成了以充分挖掘和保护古运河沿线地区的文化资源为重点、以体现常州古运河的历史文化底蕴为核心的详细规划。原运河断航后变得宁静优美，运河两岸也成了宜居之地，深受市民喜欢。

随着工业化的推进，现代铁路和公路系统压制了包括运河在内的内陆水运，但局部性的运河并没有因此消失。在江南地势平坦、水资源丰富的地区，成本较低的内陆水运依然发挥着重要功能。

新运河从2008年开始，作为苏南地区第一条高等级、现代化的内河三

图 1-14　东方大桥新老运河交汇处

级航道，历经 10 年的发展，仍然是常州老城与武进城区的一条空间分割带，南北两岸地区还得不到充分的发展。但现在常州市充分考虑新运河对城市发展的重要性，已开始进行新运河的生态廊道建设，规划建设滨河绿地、滨河步道、体现新运河特色的驿站等设施，以及完善交通设施、停车配套设施等。相信不久的将来，大桥飞架、河水清澈、两岸如茵的美景将呈现在市民的面前。若干年后，一个运河新城也许将会产生（图 1-14）。

（五）常州段运河对城市发展的重要作用和特殊地位

1. 运河是铭刻常州城市发展的年轮

《太平寰宇记》卷九十二"常州"，盛赞常州是江南文化至高之地，是江南交通最为重要所在，里面记载常州是："三吴襟带之邦，百越舟车之会"。常州江河湖泊萦绕交错，而汇接三江五湖的，便是今之大运河，相当于古代的水上高速公路，其河岸上有古代国家级的驿道，所以常州是东南中国（百越）车船必经之孔道。

大运河这一黄金孔道，流淌的不光是水；运河岸上的古驿道，承载的不光是车来车往，而是整个东南中国积聚交流的财气、文化和物资，在常州这座城市正好完成一日的舟程车程，就需要过夜歇宿、休整娱乐，于是形成最初的集市。经过千万年的积累，人、财、物在此会集驻足，集市的房舍、人口、财富一点点增加，运河便是常州城市发展的原动力。

集市人口、财富、物资、房舍建筑的积聚，奠定了集市文化的繁荣。运河所带来的文化信息的交流，又促进了集市人口的智慧和文明的长足进步。当这一切发展累积到一定程度，就要用筑城的方式把集市的文化和精华圈入城内加以固定。运河便是常州成市的原点，筑城时更是从运河这条母亲河支分脉引出城壕，于是运河又成为常州城池水系的经脉主干和水系源头。

城市的格局制约着运河向两岸的扩张，而运河也因为时代进步、人口增加而运输更为繁忙，必然要与两岸繁华市井的约束发生与日俱增的矛盾。当矛盾累积到不可调和的程度时，城市又需要进一步扩张，城市旧有的格局将逐渐被扩张突破。运河向南改道，为城市提供新的发展动力源。废弃的高耸城墙会被夷平为路，而护城河即便湮塞成路，但因为它是城市肌体的血脉通道，城市的健康、风水、精气神有赖于此，即使城池被毁坏、城壕不断地被重开，当初城池的形状却会被永久铭记，就像树木年轮般铭记着城市发展的轨迹。

至今为止，运河在常州已改道三次，江南运河在常州的三次改道所形成的四条运河"前后北岸最古运河（后河）、青果巷古运河（前河）、明运河、新运河"，便是铭记常州城市发展壮大的"年轮"，是常州城"依河而建、依河而兴"的活化石，是"全中国与运河关系最为密切的城市典范便是常州"的有力证明。常州的城池格局和护城河也能证明这一点，都是依托运河发端而来自然形成的不规则形。所以说：常州是研究城市与大运河关系的典范。

大运河的每一次改道，都表明常州城市空间的不断扩大。依托运河发展起来的综合功能超越了城市已有的规模和局限，标志着城市在空间与人口等方面的发展达到了更高的水平。尽管运河在所有城市都会因发展需要而改道，但常州运河的改道在全国具有唯一性，即：隋代大运河刚开通时，常州城段运河便要改道，这证明了以常州为代表的江南运河是隋代大运河之前就"古已有之且早已繁华"的运河故道。江南运河其他城市并没有发现隋代运河开挖时便改道的现象，可见江南运河其他城市的运河改道都要晚于常州，而且没有能像常州城段运河这样，在民国之前便已改道两次，这充分证明了江南运河常州段沿运河的发展极古老、极充分、极繁华。

常州城段运河像"蚕蛹化蝶""金蝉蜕壳"般，三次抛弃故道而往南绕道，获得新生，改走城郊结合地带，开辟出一条更为宏大而壮盛的河脉水道。运河在常州城的改道都是向南而非向北，其原因是：古人"以北为尊，以南为卑"，所以常州把行政机构"内子城"设在运河之北，此行政机构与运河之间早已布满城市的建筑，因此运河改道便不能往北绕道"内子城"、以北而走"罗城北壕"，而是往南绕道而走"罗城南壕"。运河的三次蜕变改道，在常州城市版图上留下了四道痕迹，就像一圈圈年轮，铭刻着技术的进步（船只变大）、财富的倍增（运量扩容）、城市体量的壮大（城郊结合带的日益南迁）。

2. 运河对于常州城市发展的重要作用

（1）运河是常州的母亲河。

第一，先有运河再有城市，运河是包括常州在内的江南一系列城市的母亲河。

常州城"因运河而生，因运河而兴"。江南一系列城市都在运河沿线且距离大致相等，证明只可能先有运河，由一日舟程的过夜需要而形成每隔百里左右的一座城市，每半日舟程的午饭需要而形成每隔三四十里左右的一个大镇。运河的产生早于江南城市，江南城市都是因运河而生。运河的起源可以追溯到大禹乃至大禹之前的新石器时代，所以常州等江南一系列城市的"成市"也很早，其筑城则是集市形成到一定阶段后的产物，在常州则是春秋末、战国初的年代，但其"成市"却肯定早于中华五千年文明史。

第二，运河是常州城市机制形成的起源。

自古以来，大禹或新石器时代江南运河的开通，集排灌、泄涝与交通、贸易于一身，河是水路，河岸是驿道，常州这座城市就是沿河所形成的集市和客栈，国家出现后，又在此初设立官方的驿站，在集市设立管理工商的行政机构，逐渐形成政权机构。可见运河是常州城市机制形成的母亲河。

第三，运河是常州城池格局形成的起源。

常州城东西狭长，南北只有它的一半，通过看它城池的形状，可以得出两个结论：常州城是沿运河发展而来，运河是孕育常州城池格局的母亲河；东西向的运河是常州城市发展的动力，所以常州城市的东西向发展要比南北向更充分。从城市形状格局上看，常州城沿运河的东西向不断扩大，而与之正对的南北两侧，自范蠡筑城直到民国，北侧都未有大的变化，南侧则不断往南发展，运河不断南移成为城市新的护城河。

第四，运河是常州全境的统治中心定位此处的根源。

常州所在之处虽然成市很早，但筑城较晚。而境内的"淹城、阖闾城、延陵邑城"等城池，尽管筑城较早，虽有着各自的政治优势，但都未能成为常州的统治中心。常州城得以定位在今天这个地方，归根结底是得益于运河的交通区位优势。这片土地因运河而兴盛壮大，无论从成市的悠久历史还是成市的规模上，都远远超过上述三座大城，并且还拥有它们所不具备的长盛不衰的发展动力，这才得以使常州成为这一方圆百里内的经济、政治、文化中心。正因为此，秦代延陵县城、汉代的毗陵县城、晋代的晋陵郡城、县城，隋代的常州城、晋陵附郭县，唐代的常州城、晋陵附郭县、武进附郭县均设在此处。这也再度证明，运河是哺育常州城发展壮大的母亲河。

（2）运河是常州发展的动力源泉。

首先，运河促进了常州城市经济的发达。

城市沿运河的两岸蓬勃兴起了各种"行"和"市"，成为城市新兴的商业街区，运河两岸孕育壮大了常州的集市并使之繁华。中国古代的重要城市大多出现在运河沿岸。交通运输的发达是城市发展的重要条件，是维系城市繁荣的重要保证。沿河两岸的许多城市因运河而兴起产生，因运河而兴旺壮盛，在历史上创造了繁荣的城市文明。隋代南北大运河开凿以后，由于发达的交通运输，促进了运河沿线地区的发展，城镇的林立，商业的繁茂，加之中外游客、商贾、文化、宗教等各类人士，都循着漕运路线往来穿梭，络绎不绝，使运河沿岸的城镇更加繁荣美丽，如扬州、镇江、常州、苏州、杭州等城市都成为运河沿线上的璀璨明珠。

运河沿线的交通优势，促进当地成为重要的商品生产基地。运河对沿岸城市、商埠的形成发展具有促进作用。以大运河为干线的销售网络将商品送达全国各级各类市场，打破了地域商业的闭塞状态。沿河两岸的经济因运河而得到迅猛发展，江南地区更因为坐拥运河这一贯通全国的交通动脉，成长为中国最富庶的鱼米之乡、丝绸之府，成为维持和支撑中国历代王朝政权的重要经济命脉，而常州地区更是其重要组成部分。

其次，运河促进了常州城市文化的发达。

常州因运河而兴，人、财、物的汇聚，文化新思维的流布，运河就如同输送物质营养的血管，让常州的肌体得到哺育壮大；如同传递智慧之光的神经，让常州的精神境界得到质的飞跃和升华。运河为常州带来了最充沛的人、财、物流，最先进的文化、智慧，促进了常州城市全方位的发展，使之得以早在六朝时期便跻身全国最先进阵营、走在中国运河城市中的第一方阵而永不落后。

运河两岸人民具有浓厚的创新意识，在文化与宗教的碰撞融合中兼容并蓄，并鼓励对外开放。运河流域城市诞生了当时技术最先进、规模最宏大的印书行业，成为文化中心。沿河两岸的文化因运河而繁荣，历史上众多的英雄豪杰、才子佳人都生长活跃在运河两岸，创作了流传千古的音乐、舞蹈、杂技、戏剧、小说、诗词、书画等艺术。运河两岸人们还形成了独具一格的礼仪、岁时节日等民俗文化。

京杭大运河不仅推动了南北经济和文化的交流，同时也促进了中华民族文化的整合，对维护中国的统一和完整起到了重要作用。运河文明在中国文明史上占有十分重要的地位，是中国文明的典型代表。而常州也作出了重要的文化贡献。

（3）运河是常州城池格局与城市水系的总纲。

运河是常州城市水系的主干，塑造了常州城市的框架。运河的改道所形成的后河、前河、明运河都是常州古城的经脉和水系总纲。运河与从其引脉而来的"内子城、外子城、罗城、新城"城河，共同塑造出常州城池的框架。运河与城河两者，又与由其分出的中小水道"中河、南北邗沟、物曲沟、古正素巷沟、红杏浜、洗马桥浜"等，共同构成常州全城大、中、小三级的水脉体系，活水周流，泽被全城（图1-15）。

常州城的城池格局由运河确定，常州城池"依运河水而生，引运河水而筑"。运河的滋养，壮大着城市的发展，城市的成长又反过来促进运河的改道新生，两者在成长与束缚的相互推动中，不断突破，达到新的平衡。

图1-15　明运河

　　常州因运河而兴旺，运河因常州而增色。运河从穿城到绕城，城与水永远相亲相依、不离不弃。南运河之水迢迢百里，穿越古运河，引来中江"荆溪"秀水，遍泽全城，神秀灵动。运河水塑造了常州城池的街巷格局，带动了常州从经济到文化，再到常州人精神与智慧的全面发展，奠基了常州文化。

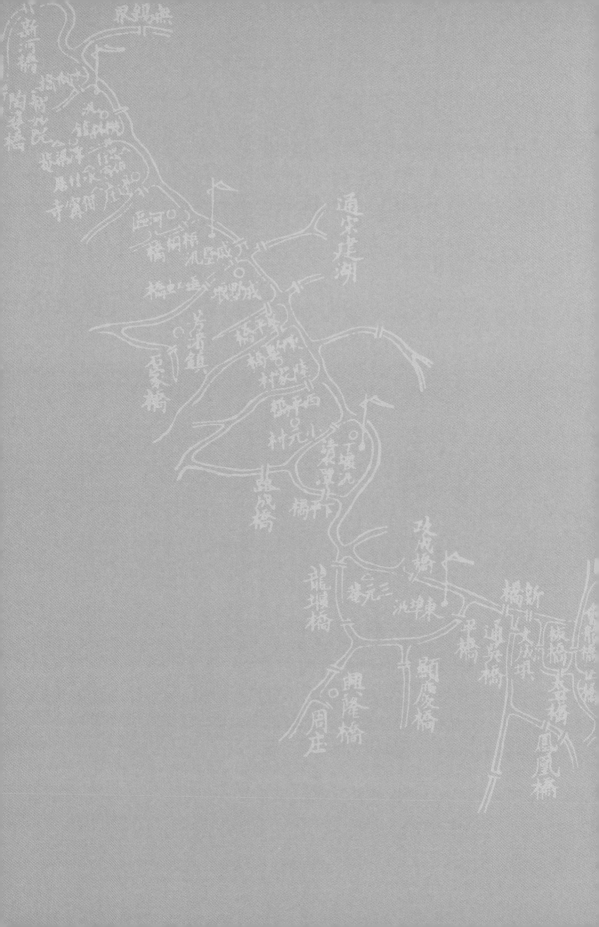

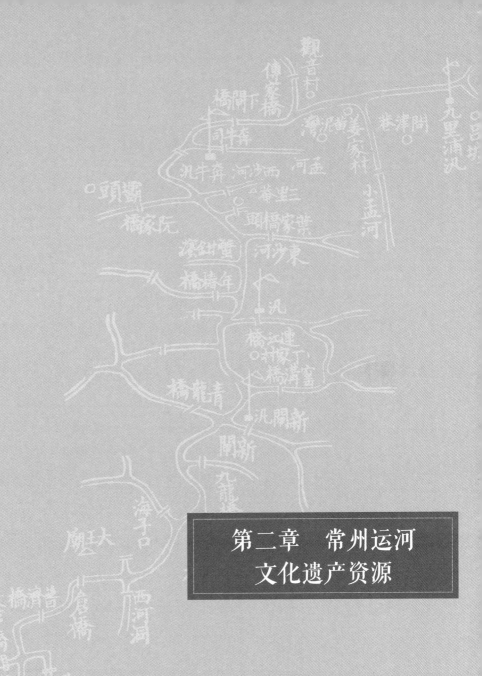

第二章　常州运河
文化遗产资源

　　大运河常州段由奔牛九里入境，至横林古槐滩出境，全长 45.8 公里，其中世界遗产段西起连江桥东至东方大桥，全长 23.4 公里。孟河、西蠡河、童子河及常州护城河等运河水系全长 108 公里。运河促进了便捷的交通、发达的商贸、人口的聚集、文化的交融，孕育了常州古城以及孟河、奔牛、焦溪、横林、余巷、西夏墅等十余处古村镇，推动着常州从农耕文明一路流向工业文明，形成了具有鲜明特色的运河经济（图 2-1、2-2）。

　　自隋朝以来，常州成了贡赋必由之路、漕运重要驿站，"舟车会百越，襟带控三吴"正是常州运河辉煌的真实写照。到明清时商贾云集，会馆林立，陆续形成了"豆、木、钱、典"四大行业，有"中吴要辅，八邑名都"的美誉。到了近代，运河又成为民族工商业的摇篮，大成厂、大明厂、厚生厂、戚机厂、恒源畅厂等一批民族工业雨后春笋般崛起于运河两岸。常州运河之畔大师辈出、精英不穷，春秋运河畔的青果巷被誉为名人摇篮，走出了唐荆川、汤贻汾、盛宣怀、李伯元、瞿秋白、史良、刘国钧、赵元任、周有光等一大批名人大家。沿运河南来北往的文人雅士更是不胜枚举，史载北宋大文豪苏东坡十四次游历常州大运河，并终老于常州大运河畔藤花旧馆。乾隆帝四次到常州并题有诗作六首，咏江南美景。

　　从文化遗产资源的分布来看，城区段文化资源最为丰富。自战国常州土城依河而筑开始，此后的历朝历代，便依托运河，相继构筑起常州内子城、外子城、罗城到新城的城厢格局，形成依河建城、河随城迁、河城相套的"三河四城"格局。老城厢内以水系为轴，呈现出"水陆并行、长街沿河、短巷向水"的五纵六横结构并保存至今。常州保存的七片历史街区或地段的形成和发展，都与运河水系有关，形成了以新坊桥为代表的古桥文化、以青果巷为代表的街巷文化、以唐荆川宅为代表的名宅文化、以天宁寺为代表的宗教文化、以恒源畅厂旧址为代表的工业遗产文化、以常州三杰为代表的红色文

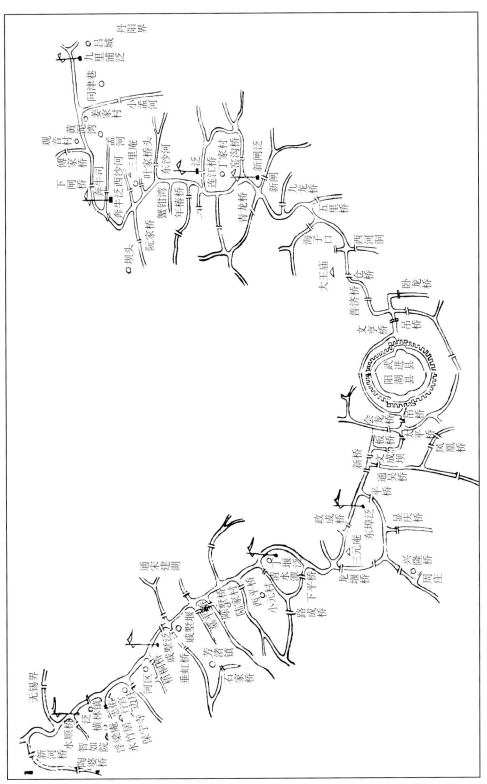

［图 2-1］运河示意图（据清光绪五年《武进阳湖县志》）

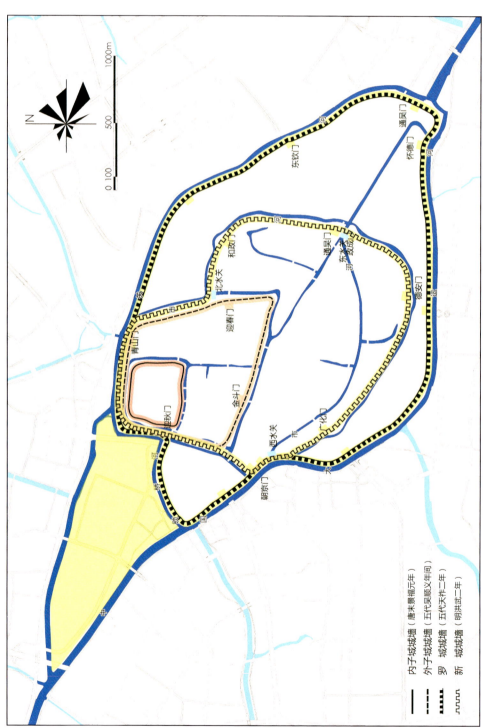

图 2-2　江南运河常州城区段城池水系历史变迁示意图（顾晔峰绘制）

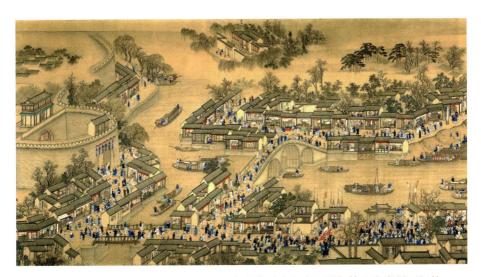

图 2-3　王翚、杨晋等于 1691—1693 年所作《康熙南巡图》第六卷常州西门外
（三保街、南河沿、卧龙湾、锁桥湾一带）

化等，这些都是常州运河城市文化的重要部分（图 2-3）。

　　本章研究范围以全长 23.4 公里的世界遗产段"江南运河常州城区段"为主线，西起连江桥东至东方大桥，全长 23.4 公里，西连奔牛古镇，横穿老城厢，东至戚墅堰。以常州"三河四城"古城水系为核心，根据遗产分布情况适当延展。其间以中吴大桥、朝阳桥为节点，自西向东分为郊野西段（连江桥—中吴大桥）、老城厢段（中吴大桥—朝阳桥）、郊野东段（朝阳桥—东方大桥），其中老城厢段文物资源最为丰富。

（一）郊野西段

　　中吴大桥向西沿河文物资源相对较少，在中吴大桥西侧北岸现钟楼区五星街道新新村委发现有古墓群，地表有石人石马，其文化内涵尚不明确，有待考古发掘。今三井、新闸交界处北童子河畔，昔有缪贤坝，今人雅称望贤坝（地名），现已易坝为桥。《武阳合志》卷一《舆地·乡都》载，怀北乡三图有十七村，其中就有吕家村、望贤坝村。清初状元、弘义院大学士吕宫也葬在缪贤里祖茔，其墓在 20 世纪六七十年代平整土地时被挖平，现存有墓志盖。相传在连江桥运河南岸新闸下塘原有诸葛亮之兄诸葛瑾墓，据记载清代道光年间发现一个篆刻着诸葛瑾（子瑜）的小玉碑。连江桥向西至奔牛老街附近文物资源较为丰富，以古桥梁和民居为主。其中万缘桥跨老孟河上，老孟河向北也可经中国历史文化名镇孟河古镇通达长江。西段文物主要有省级文物保护单位万缘桥，市级文物保护单位彩虹桥、奔牛抗战时期碉堡旧址、奔牛后王村桥梁群及奔牛老街民居、古桥、水井等。

万缘桥 位于新北区奔牛镇东街，跨老孟河最南端，处于老孟河与大运河交汇处，旧名跨塘桥，东西走向，是一座高大的花岗岩单拱石桥，用纵联分节并列砌法，全桥长 40 米，桥拱跨径 12.6 米，拱顶高 10.5 米，桥梁面宽 5.8 米，桥顶石柱顶端原有四尊石狮，现仅存二尊，万缘桥至少在宋以前就有，具体建桥年代不详，据清光绪《武进阳湖县志》载："光绪四年（1878 年），知县鹿伯元，厘局委员张绍文请予巡抚吴元炳，拨帑五成，民捐五成，重建。"万缘桥面两侧设置吴王靠背式石栏座椅可供行人休息，石级上刻有防滑菱形槽，桥侧面可见桥联，上联为"雄震双流看帆指毗陵湖回孟渎"。其余桥联因风化已不能看清。1937 年 11 月 29 日，从前线撤退下来的国民党广西部队某部一连官兵，撤到奔牛镇后在万缘桥阻击日军，激战至次日拂晓，全连官兵全部阵亡。万缘桥是常州体量较大保存较好最原生态的古桥之一，2011 年 12 月 30 日江苏省人民政府审核公布为省级文物保护单位（图 2-4）。

彩虹桥 位于新北区奔牛镇虹桥村北 300 米，始建年代不详，清光绪五年（1879 年）重建，是常州市大运河水利工程遗产的组成部分。俗称虹桥，南北向跨老孟河，为单孔石拱桥，花岗岩石质，形如彩虹，故名彩虹桥。东侧桥联曰："积土藉成山兴民利仍是国民利，临流劳问渡勉而行何如安而行。"西侧桥联曰："此日大河虹亘征人共乐济川来，当年中道鸾回雄主也应题柱去。"2011 年 1 月 5 日常州市人民政府公布为第五批市级文物保护单位（图 2-5）。

奔牛后王村桥梁群 位于新北区奔牛镇后王村委新沟村，现有 4 座平板石桥，东南—西北向跨村内河道上，河道北接大运河，最北侧桥梁刻有芦渎官沟、王兴桥字样，传说乾隆下江南停泊运河叶家码头，见运河南岸河口郁郁葱葱故赐名芦渎官沟，曾属于奔牛八景之一。2018 年 4 月 15 日，由常州市人民政府公布为市级文物保护单位（图 2-6）。

奔牛抗战时期碉堡旧址 位于老孟河西侧、沪宁铁路线南侧，地理位置

图 2-4 万缘桥

图 2-5 彩虹桥

图 2-6 奔牛后王村
桥梁群——芦渎官沟

图 2-7　奔牛抗战时期碉堡旧址

十分险要。碉堡裸露地表部分高在 2 米以上，碉堡的东、东北、南、东南、西南、西、西北共有 13 个枪眼，为日军侵华见证。2018 年 4 月 15 日，由常州市人民政府公布为市级文物保护单位（图 2-7）。

　　奔牛古镇介于宁镇山脉与太湖平原过渡地带，是江南运河水位控制的关键节点。此处曾经有奔牛堰闸为著名的水利工程，因南宋大诗人陆游《重修奔牛闸记》和明代常州先贤王㒜《重建奔牛闸记》而史志流传，千载不朽（图 2-8、2-9）。

　　江南运河自开凿之日起，即面临地高水浅，河道蓄水不足等问题，尤其是镇江、丹阳一带地势高亢，需设置堰闸调剂水源，以济漕船通行。奔牛置埭、堰最早可追溯至南朝时期，而奔牛置闸几乎与奔牛埭、堰同步。历代封建王朝对奔牛堰闸均有经营，兴废不一，或为堰为闸，有文献可考者达十五次之多。大文豪苏轼行至奔牛堰曾有"东来六月井无水，仰看古堰横奔牛"之叹。杨万里作诗《过奔牛闸》，生动记载了众船依次过闸时的盛况，诗云："春雨未多河未涨，闸官惜水如金样。聚船久住下河湾，等待船齐不教放。忽然三板两板开，惊雷一声飞雪堆。众船过水水不去，船底怒涛跳出来。下河半

图 2-8　奔牛古镇

图 2-9　奔牛古镇

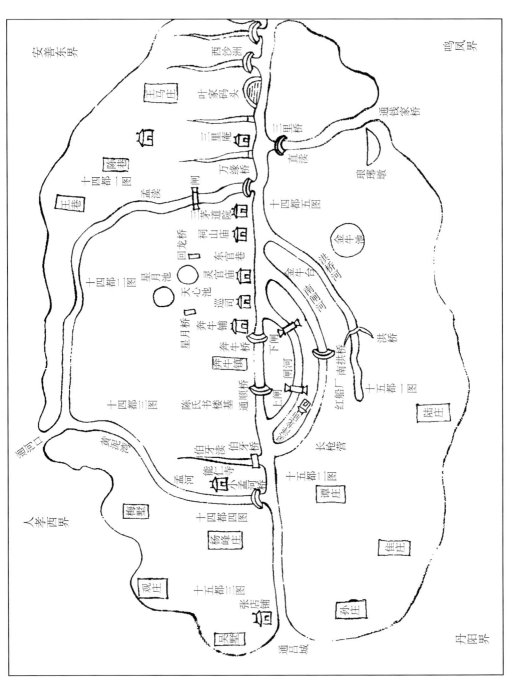

图2–10　奔牛水系示意图（据明万历三十三年《武进县志》）

篙水欲满，上河两平势差缓。一行二十四楼船，相随过闸如鱼贯。"（图2-10）

　　奔牛设堰置闸已有千余年，虽屡有兴废，却始终为历代封建王朝所重视。奔牛闸因节制运河水位，保障封建王朝漕运畅通，"此闸尤为国用所仰"。而今沧海桑田，奔牛闸虽已不复存在，但它所彰显的"调节水位以利漕运"的历史功能和我国古代水闸建造技术的进步，在大运河发展史上占有重要地位。

　　附宋陆游《重修奔牛闸记》：

　　　　岷山导江，行数千里至广陵、丹阳之间，是为南北之冲，皆疏河以通餫饟：北为瓜洲闸，入淮、汴以至河、洛；南为京口闸，历吴中以达浙江。而京口之东有吕城闸，犹在丹阳境中。又东有奔牛闸，则隶常州武进县。以地势言之，自创为是餫河时，是三闸已具矣。盖无之则水不能节，水不能节则朝溢暮涸，安在其为餫也？苏翰林尝过奔牛，六月无水，有"仰视古堰"之叹。则水之枯涸固久。地《志》概述本末，而不能详也。今知军州事赵侯善防，字若川，以诸王孙来为郡。未满岁，政事为畿内最。考古以验今，约己以便人，裕民以束吏。不以难止，不以毁疑，不以费惧。于是，郡之人佥以闸为请，侯慨然是其言。会知武进县丘君寿隽来白事，所陈利病益明。侯既以告于转运使，且亟以其役，专畀之丘君。于是，凡闸前后左右受水之地，悉伐石于小河元山为无穷计，旧用木者皆易去之。凡用工二万二千，石二千六百，钱以缗计者八千，米以斛计者五百，皆有奇。又为屋以覆闸，皆宏杰坚牢。自鸠材至讫役，阅三时。其成之日，盖嘉泰三年八月乙巳也。明年正月丁卯，侯移书来请记。予谓：方朝廷在故都时，实仰东南财赋，而吴中又为东南根柢。语曰："苏、常熟，天下足"，此闸尤为国用所仰。淹速丰耗，天下休戚在焉。自天子驻跸临安，牧贡戎贽、四方之赋输，与邮置往来、军旅征戍、商贾贸迁者，涂出于此，居天下十七，其所系岂不愈重哉？虽然，犹未尽见也。今天子忧勤恭俭，以抚四海；德教洋溢，如祖宗时；齐鲁燕晋秦雍之地，且尽归版图。则：龙舟仗卫，复泝淮、汴，以还故都。百司庶府，熊罴貔虎之师，翼卫以从。戈旗蔽天，舳舻相衔。然后知此闸之功与赵侯为国长虑远图之意，不特为一时便利而已。侯，吾甥也，请至四五不倦，故不得以衰耄辞。三月丙子，太中大夫、充宝谟阁待制

致仕、山阴县开国子、食邑五百户、赐紫、金鱼袋陆某记。（陆游：《渭南文集》卷二十《常州奔牛闸记》）

（二）老城厢段

常州是国家历史文化名城，老城厢是历史文化资源最为集中的区域。老城厢段即中吴大桥至朝阳桥，亦称为常州老城厢。北有关河、南有明运河包裹形成纺锤形状，展现"三河四城"的古城形制，从地图上看仿佛线性的运河在此睁开了眼睛。文物资源集中分布在青果巷、南市河、前后北岸3个历史文化街区以及三堡街—西直街、锁桥湾、南河沿、天宁寺—舣舟亭4个历史地段，明运河西瀛里、同济桥一带文物资源分布也较为密集。此外，在老城厢中也有较多重要的文物资源沿古城水系分布。

1. 青果巷历史文化街区

在明代万历之前，大运河流经常州城区地段，过毗陵驿口（今篦箕巷大码头），穿文亨桥后，流入西水关，途径西、东下塘、椿桂坊，最后东流而去。其时往来船舶如梭，商贾云集。明万历九年（1581年）运河绕城南而行。书香人士都看中了这处"氛围静谧绝喧"、"环境清秀临水"的"风水宝地"，纷纷在此围墙扩院，营宅建楼。从这里走出了进士达百余位，近现代则涌现出诸如革命家、书画家、音乐家、法学家、语言文字学家、工商企业家等诸多名人，由此成就了常州市区保存最为完好、最负盛名、最具人文底蕴的青果巷历史文化街区。街区较为完整地保存了明清建筑群落和文物古迹，深宅大院毗邻，流水人家相映，是常州古城历史文化的精华所在（图2-11—2-13）

除大运河外，青果巷历史文化街区内有全国重点文物保护单位瞿秋白故居——秋白出生地（即天香楼）、常州唐氏民宅，省级文物保护单位唐荆川宅、恽鸿仪宅、赵元任故居、阳湖县城隍庙戏楼、史良故居，市级文物保护单位刘国钧故居、周有光宅、三锡堂、汤贻汾故居、刘氏宗祠、约园。街区东侧隔和平北路另有省级文物保护单位新坊桥。青果巷内传统民居、祠堂牌坊、古井码头等历史遗存类型丰富，数量较多，较为重要的有四十余处。

瞿秋白故居——秋白诞生地　即天香楼，位于青果巷82—84号八桂堂内。八桂堂是瞿秋白在湖北做布政使的叔祖父瞿赓甫为颐养天年所购置的明清式宅第，因宅内曾植有八棵桂树而得名。八桂堂现存屋三进，第一进为穿堂，第二进为正厅，第三进为经楼，即天香楼。楼前有一座花坛，上面种植了芍药、凤仙等多种花卉，常年飘香，故取名为"天香楼"。天香楼为一幢三开间硬山式砖木二层楼。1899 年 1 月 29 日瞿秋白诞生于二楼西厢房的卧室中。因八桂堂人口繁衍，家道中落，1904 年瞿秋白一家被迫迁离天香楼，1912 年 1 月迁入瞿氏宗祠。1996 年 11 月，国务院公布为第四批全国重点文物保护单位（图 2-14）。

瞿秋白（1899—1935），是中国共产党早期的主要领导人之一，伟大的马克思主义者，卓越的无产阶级革命家、理论家、宣传家，中国革命文学事业的重要奠基者之一。

常州唐氏民宅、唐荆川宅　位于青果巷历史文化街区，是青果巷历史文化街区保存最为完好、文化底蕴最为深厚的明清建筑群，是苏南地区传统建筑的代表，采用江南民居常用的构件、装饰、色调和谐、结构紧凑、制造精巧，具有重要的建筑艺术价值和文物价值。青果巷原有八桂、贞和、易书、筠星、四并、复始、松健、礼和共八堂，合称"唐氏八宅"，始建于明弘治—正德年间（1488—1521 年），历经兴废，现存贞和堂、筠星堂、八桂堂、礼和堂、松健堂五宅。1982 年 3 月 25 日，唐荆川宅被公布为第三批江苏省文物保护单位。2019 年 10 月 7 日，常州唐氏民宅（含贞和堂、礼和堂）被列为第八批全国重点文物保护单位（图 2-15—2-21）。

毗陵唐氏历史悠久，宋代时翰林院检讨唐华甫即定居郡城，后避元兵之难迁至高邮。明初时，唐伯成又从高邮复迁归常州，世居于青果巷，一门科第鼎盛。唐荆川原名唐顺之（1507—1560），字应德，抗倭名将，与王慎中、归有光并称"嘉靖三大家"，著有《荆川先生诗文集》等，文武双全，此为唐氏极盛之时。

各宅之中以贞和堂明代楠木厅最具价值，保存了明代木构梁架主体，木结构月梁体系是常州地区为数不多的代表。楠木厅东侧回廊壁间嵌有明代书法家孙慎行撰书的《保合堂记》碑刻。常州唐氏民宅建筑群在后期不断营建，反映了自明清至民国时期江南民居木构建造技艺的演变，同时也与孙慎行、张太雷、刘国钧、周有光等多位名人有交集之处，是重要的历史见证。常州唐氏民宅是青果巷历史文化街区的重要文物资源，目前唐荆川纪念馆、周有

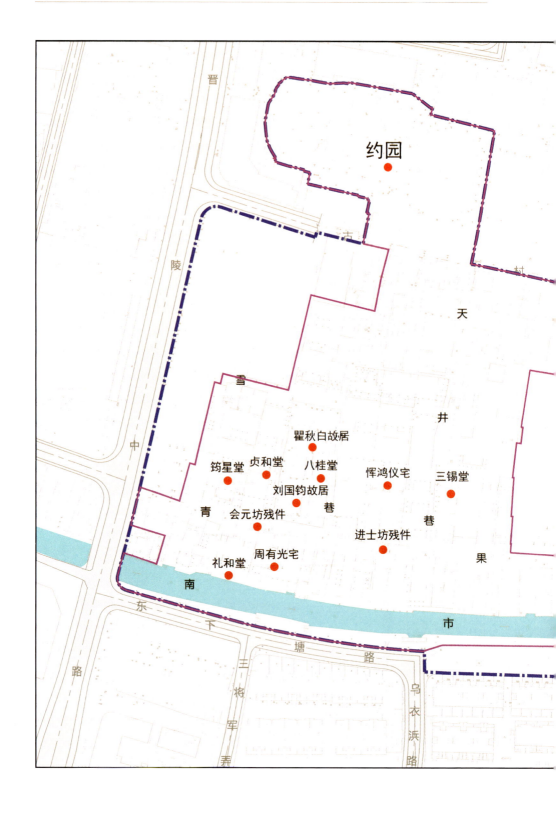

约园

瞿秋白故居

筠星堂　贞和堂　八桂堂

恽鸿仪宅　三锡堂

刘国钧故居

会元坊残件

进士坊残件

礼和堂　周有光宅

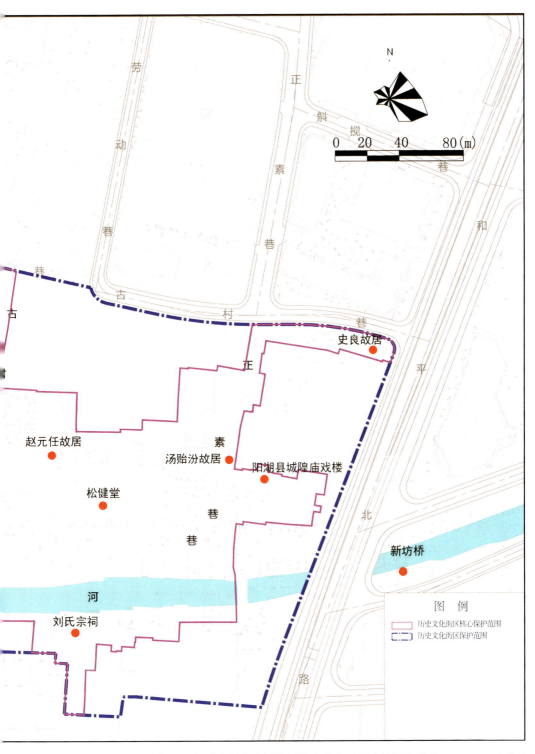

图 2-11 青果巷历史文化街区（据《常州市青果巷历史文化街区保护规划修编（2018—2020）》）

图 2-12　青果巷东段

图 2-13　青果巷俯瞰图

图 2-14　瞿秋白出生地——天香楼

图 2-15　常州唐氏民宅俯瞰

光图书馆已经免费对外开放。

　　阳湖县城隍庙戏楼　位于青果巷历史文化街区东首。戏楼建于 1896 年，为歇山顶二层木结构，两边下层由麻石方柱四根支撑。檐下内外三面皆有人物走兽等木雕，柱头梁架饰脊斗拱承托，飞檐翘角，装饰华丽。正中木雕挂落下为场上吹打人的位置。后台为子楼三间，做演员化妆室，下层出入走道砖雕门框保存砖额，戏台楼下东墙上嵌有刻于光绪二十二年的《阳湖县增修

图 2-16　礼和堂

图 2-17　贞和堂第三进月洞门

图 2-18　贞和堂第二进梁架

图 2-19　八桂堂

图 2-20　笃星堂

图 2-21　松健堂

城隍庙记》碑。2006 年 6 月 5 日，江苏省人民政府以"常州戏楼群"名称公布为第六批省级文物保护单位。2013 年实施了阳湖县城隍庙戏楼修缮工程（图2-22—2-24）。

赵元任故居 位于青果巷 16 弄。由赵元任的曾祖父赵朗浦（清金华府知府）于咸丰年间建成，占地面积达 4.437 亩，坐北朝南，原来共有六进。1907 年，元任 9 岁时，随父母由保定护送祖父灵柩回常，遂居于此，并由父亲衡年在宅内教授《书经》《左传》等古籍，在此度过了童年和青少年时代。故居今存回字楼及楼北单层建筑，均坐北朝南，为硬山造砖木结构。1981 年，89 岁高龄的赵元任回乡时，曾在此休息，由女儿赵新那伴奏风琴，赵元任歌其所谱名曲《教我如何不想他》。次年，赵元任病逝于美国。2006 年 6 月 5 日，

图 2-22 阳湖县城隍庙戏楼

图 2-23　阳湖县城隍庙戏楼细部

图 2-24　阳湖县城隍庙戏楼细部

江苏省人民政府公布为第六批省级文物保护单位。

赵元任（1892—1982），字宣重，常州人，国际著名学者、语言学家、音乐家、哲学家，1910年考取清华官费留学生，先后入美国康乃尔大学、哈佛大学学习数学、物理、哲学和音乐，获物理学学士和哲学博士学位。历任清华国学研究院教授，中央研究院历史研究所语言组主任。1938年赴美国讲学，入美国国籍，历任哈佛大学等教授及美国语言学会主席、中央研究院院士、美国东方学会主席等职（图2-25）。

恽鸿仪宅　位于青果巷中段天井巷与雪洞巷之间，清贵阳知府恽鸿仪建于同治四年（1865年）。原宅坐北朝南，大门设在青果巷76号，南临青果巷，东邻天井巷，北界天井巷11弄，西邻雪洞巷，以青果巷68弄为主体，占地约7300平方米，相传有房屋近百间。现存建筑分为三路，体量较大。2011年12月19日，江苏省人民政府公布为第七批省级文物保护单位。

恽鸿仪是清代常州画派创始人恽南田的后裔，道光三十年（1850年）进

图2-25　赵元任故居

士，改翰林院庶吉士。散馆，授刑部主事，后升员外郎、郎中、兼授贵州镇远府知府，调任贵阳府知府。平生尤工书画。祖父秉怡，祖姑恽珠，皆以画知名于世，一门风雅，传南田家学（图 2-26）。

史良故居　位于和平北路 122 号。故居建于清末，坐西朝东，原有两进，现存第二进，面阔三间，进深八檩，中间以屏门相隔，廊下明间为落地长窗六扇，下铺罗砖，两边为地板房。厅前天井石铺地，栽有花木，并设垣墙围护，环境清幽。史良就出生于此，并度过少年时代。2016 年 8 月开始修缮，于 2017 年 4 月竣工，西侧复建一进三开间硬山造平房。故居现布置"史良生平事迹展"，免费开放。2019 年 3 月 20 日被公布为第八批江苏省文物保护单位（图 2-27）。

史良（1900—1985），清光绪二十六年（1900 年）就出生于此，直到 1923 年在武进女师毕业去沪求学为止，她在故居度过了 23 年。1936 年，她与沈钧儒、李公朴等七人因参加抗日救亡运动而被国民政府逮捕入狱，即震惊中外的"七君子"案。新中国成立后成为新中国第一位司法部长，被毛泽

图 2-26　恽鸿仪宅

图 2-27 史良故居

东主席称为"女中豪杰"。

汤贻汾故居　位于青果巷东段，东邻阳湖县城隍庙。系汤氏祖屋，是汤贻汾曾祖父在康熙年间购置。清乾隆四十三年（1778年）汤贻汾出生于此并度过童年，后随父母去福建祖父汤大奎县署生活。不久汤大奎调任台湾凤山（今高雄县）知县。汤大奎与汤贻汾父汤荀业因林爽文起义殉难后，汤贻汾向朝廷申请经核准将其故居建立忠孝祠，以纪念祖父与父亲。后汤贻汾袭云骑尉世职，常年在外地做官。此宅由堂兄弟汤贻璐继承，以教书作画为生。汤贻汾故居原有9进，抗战时期第3—8进被日军炸毁。20世纪30年代，在上海当铺做头台掌柜的汤隽人（汤世隽）返乡，用6000银圆的养老金重新盖了第6—8进楼屋。后人存有汤贻汾撰《忠孝祠记》长条形石碑两方。1987年12月26日，常州市人民政府公布为第二批市文物保护单位。2018年进行了修缮，现存有4进，其中第二进为织补建筑。

汤贻汾（1778—1853），号雨生，字若仪，常州人，清代著名书画家。出生于本宅。清乾隆六十年（1795年），因袭云骑尉职入都，历任凤阳、京口、江宁及广州抚标营等处守备，终擢乐清协副将，后以病告退，居金陵（今南京市）鸡笼山下，筑琴隐园，居住达二十年，太平军破金陵，投水死，谥"贞愍"。汤贻汾工诗书画，画与戴熙齐名，并称"汤戴"。著《琴隐园集》三十六卷及《画筌析览》等。汤贻汾妻董婉贞，子癸名、禄名、绥名，女紫春、碧春（嘉名）均为知名画家（图2-28）。

刘国钧故居　位于青果巷82—84号，原为唐荆川宅八桂堂，晚清为湖北按察使瞿赓甫（瞿秋白叔祖）所购，民国三十七年（1948年）为刘国钧购得。现存三进三开间，第一进与第二进之间的天井周有回廊，天井植桂四株，西首大天井另植桂4株，共8株，为刘国钧手植。刘国钧（1887—1978），又名金巽，原籍靖江，现代著名爱国实业家。新中国成立后曾任江苏省工商联副主席、江苏省副省长、全国工商联副主任委员、全国人大代表等职。1987年12月，常州市人民政府公布为市文物保护单位（图2-29）。

约园　位于兴隆巷市第二人民医院内，长135米，宽60米。约园又名赵家花园，为占地约19亩的清代私家园林。原为明代官府鹿宛，清乾隆初年为中承谢旻别墅，名谢园。后赵翼购得此园，用一年的时间整理修葺，改造成有鞧红新馆、梅坞风清等24景，灵岩、绉碧等12峰的江南名园，园主

图 2-28　汤贻汾故居

图 2-29　刘国钧故居

赵起（赵翼孙子）谦称"约乎成园"，遂名"约园"。1860 年，太平军攻占常州，赵起率团练抵抗。城破，赵起为避其辱，与家人共 39 口集体投入约园池内自尽。遭兵火之灾，约园付之一炬，堂榭化为废墟，后又经修葺，稍复旧观。现园中花木扶疏，清流回环，池边罗列形态各异的奇石，池中叠石成山，石亭、曲桥蜿蜒可通。颇擅林壑幽美之胜。1987 年 12 月常州市人民政府公布为第二批市级文物保护单位（图 2-30）。

刘氏宗祠　位于东下塘 20 号和 22 号，根据祠内梅桩石刻干支乙丑推算，宗祠建造年代应为清同治四年（1865 年）。东下塘 20 号刘氏宗祠实为西营刘氏分祠，坐南朝北，有三进，每进三开间，面朝春秋运河，至今还保留着当年的马头墙，气势宏伟，是一组优秀的硬山式建筑群。刘氏宗祠内原有晚清名将、兵部尚书彭玉麟梅桩石刻四方，每方长 162、宽 43 厘米，彭玉麟喜画梅花，画面老干繁枝，满目缤纷，下角盖"一生知己是梅花"印章，石刻现存二方，暂安放在红梅公园红梅阁前供游客欣赏。2008 年 2 月 26 日，常州市人民政府公布为市级文物保护单位（图 2-31）。

图 2-30　约园

图 2-31 刘氏宗祠

周有光宅 位于青果巷 133 号。共三进院落，坐南朝北，硬山式砖木结构，沿南市河而建，是典型的清式江南枕河民居。大门临青果巷一侧，第一进、二进单层五开间，第三进临河二层五开间，西侧紧连两开间两层单坡楼房，整体平面呈"L"形，另主体东侧有两开间平房，临水私家码头保存完好。"汉语拼音之父"周有光在此出生并度过少年时光。他书中曾写道："我大概三岁开始，常常跟祖母在一起。我的祖母住在河旁边的房子，大玻璃窗，有月亮的时候特别好"。2013 年 4 月 15 日，周有光宅由常州市人民政府公布为市级文物保护单位。2013—2014 年，开展建筑整体修缮工程，现设立周有光图书馆（图 2-32）。

周有光（1906—2017），原名周耀平，被称为"汉语拼音之父"。1958 年他参与制定的《汉语拼音方案》成了汉语拼音系统规范文件，极大促进了汉字学习和普通话推广。以拉丁字母为基础的《汉语拼音方案》为外国人接触中文、了解中国提供基础。同时他也是汉语拼音输入法拓荒人，他指导和支持林才松研发了世界第一台中文语词处理器，汉语拼音输入法已经成为全世界最流行的中文输入法。

图 2-32 周有光宅

三锡堂 位于青果巷历史文化街区中段，建于清康熙年间。原有五进，坐北朝南，现保存有主路北侧两进、西厢两进及三口古井。"三锡堂"是汪氏堂号，其来源是"帝命三锡宪邦文武"。明万历年间（1573—1619 年）汪氏先祖汪康候，从徽州府休宁县上溪口迁徙至常州府，三传至汪继堪，于清康熙年间（1662—1722 年）迁至青果巷"三锡堂"居住，又经七代传至清末进士汪赞纶。2018 年 3 月常州市人民政府公布为市级文物保护单位。

汪赞纶（1839—1921），字作黼，光绪二十一年（1895 年）中进士，任工部主事、安徽泾县知县等职。相传 1864 年曾被刘铭传召至护王府，他识别出虢季子白盘并释读铭文，1884 年召至台湾成为幕宾。民国二年（1913 年）任江苏省典业公会会长。

青果巷东段现在还保存有会元坊、进士坊两处牌坊石柱，分属唐、董两家。明清以来，青果巷唐、董两家为常州望族，当年两家科甲连绵，据统计两家各出进士近 20 名。唐、董两家世代联姻，每逢过年，两家的女眷出门互相拜年，青果巷东西的木栅栏门便为之临时关闭（图 2-33）。

会元坊 位于贞和堂门前，坊额上刻有"会元"二字，这座坊建于明嘉靖八年（1529 年），这一年唐顺之参加礼部组织的全国会试得第一名（会元），殿试得二甲第一名进士（传胪），为了庆祝这一使常州名扬天下的盛事，建

图 2-33　三锡堂

造了"会元"坊以纪念。现存的"会元"坊石柱 1 根，高约 3 米（图 2-34）。

进士坊　位于董氏宗祠前，为显耀历代董氏家族中人获取进士功名之多而竖立，现有一根正四方麻石柱，高 4.6 米，四柱形边长 0.64 米（图 2-35）。

在青果巷历史文化街区以东有新坊桥，与青果巷隔和平北路相望。此桥始建于南北朝萧梁大同元年（535 年），元皇庆年间（1312—1313 年）重建，明弘治十一年（1498 年）重修。迄今已有 1440 余年历史，是常州市区现存最古老的一座石拱桥。新坊桥为南北向单孔石拱桥，桥身由方形红石垒成，石缝为糯米浆胶合衔接，桥拱桥基为明代遗物。为江南古老的单孔石拱桥，跨度为 10.5 米。2011 年 12 月江苏省人民政府公布为第七批省级文物保护单位（图 2-36）。

2. 南市河历史文化街区

南市河历史文化街区历史上是常州最繁华的区域之一，与青果巷历史文化街区隔晋陵路相望。南市河南岸为东下塘，北岸称作胜利巷。胜利巷全长

图 2-34　会元坊

图 2-35 进士坊

图 2-36　新坊桥

200 多米，从前被称为蛤蜊滩，因旧时有船民在此上岸售卖蛤蜊而得名。至民国时期，此段仍设有多处码头，每天有班船往返常州城内外，为交通要地。后来全国解放，人民革命取得胜利，有人提议改蛤蜊滩为胜利巷，并沿用至今。除大运河外，南市河历史文化街区有省级文物保护单位常州戏楼群——杨氏家庭戏楼，市级文物保护单位"医学祀典记、医学碑记"、李伯元故居、中新桥，另有传统民居、纤道、码头、古井等二十余处。街区内街巷格局完整，居民以原住民为主，保持着"小桥流水、枕河人家"的江南水乡特色（图 2-37、2-38）

　　杨氏家庭戏楼　又称杨氏雕花楼，位于东下塘中段、南市河南岸。杨氏家庭戏楼为晚清楼阁式古典庭院建筑，木结构，共上下两层，下层原存放乐器等物，上层则为演员演戏区域。除东面外，三面临空。周置长窗 20 扇，平时长窗紧闭，自成一室，演戏时，长窗则敞开或拆卸，露出舞台。楼前为花圃，有青石板铺路。2006 年作为常州戏楼群的组成部分被公布为省级文物保护单位（图 2-39）。

　　杨宅建筑群约建于清光绪年间，坐南朝北，硬山式砖木结构，前后四进，原为杨氏家庭戏楼主人之杨氏宅第。杨氏是常州望族，东下塘 74 号和 75 号

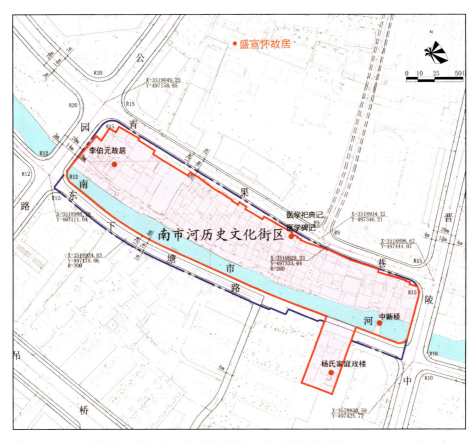

图 2-37　南市河历史文化街区（据《常州历史文化名城保护规划（2013—2020 年）》）

图 2-38　南市河历史文化街区

图 2-39　杨氏家庭戏楼

杨氏属武进前黄杨氏，来常州定居后重视家族的文化教育和科举功名，共出进士 12 名，明末状元杨廷鉴就是其中之一。杨氏戏楼的建造者可能是清代杨承善。杨承善生于咸丰七年（1857 年），逝于 20 世纪 30 年代末期，官名承庆，字怀尚，号审磐，又号茂溪，国学生，江西候补同知，覃恩加三级，诰授中议大夫，曾任知县，又说曾任知府，但家谱未详载。

医学祀典记、医学碑记　石刻共两块，分别嵌砌于南市河历史文化街区中段南侧先医祠大门两侧。《重修常州府医学碑记》石刻，高 2.1 米，宽 0.8 米，明崇祯元年探花管绍宁撰文，刻于崇祯四年（1631 年），记述常州府医学及祭祀等活动。《重修医学祀典记》石刻，高 1.8 米，宽 0.7 米，刻于清顺治五年（1648 年）。1964 年 4 月常州市人民委员会公布为第一批市级文物保护单位（图 2-40）。

李伯元故居　位于南市河历史文化街区西段南侧，原有房屋 64 间，均硬山造木结构。故居为 1892 年李伯元的堂伯父李念仔（官东昌府知府）由山东返里时所购置，李伯元早年丧父随母吴氏和妹淑芳居此五年。故居西首

图 2-40 《重修医学祀典记》碑

存房二进，各五间，进深六檩，后进为明式建筑，厅后存明代木隔窗二扇，古井一口；东首存屋二进，进深六檩各三间，有翻轩月梁、梁托有荷花、寿桃等黄杨木雕，工艺细致，轩后天井铺石板，存白石洗砚池一方。1987 年 12 月 26 日，由常州市人民政府公布为第二批市级文物保护单位（图 2-41）。

李伯元（1867—1906），名宝嘉，字伯元，号南亭亭长，武进（今常州）人，博学多才，擅诗赋、制艺、工书画、篆刻。清光绪十九年（1893 年）考得武进秀才第一名。1896 年离故居赴上海，先后创办《指南报》《游戏报》《上海世界繁华报》等。他用五年时间创作长篇小说《官场现形记》，开创了清末谴责小说的先河。

中新桥   位于南市河上，为一座条式石板平桥，建于民国七年（1918 年）。中新桥建于清朝灭亡和民国肇始之时，时称"中兴"，故谐音为中新桥。桥顶面用 6 块长 6、宽约 0.58—0.64、厚约 0.28 米的花岗岩石合并铺成，南北斜坡桥面用条石和碎石混合铺成，有加大摩擦、起到防滑之功能。东西两侧桥额上镌刻"中新桥"和"民国七年五月沈超等人募建"字样。2008 年 2 月 26 日常州市人民政府公布为市级文物保护单位（图 2-42）。

图 2-41   李伯元故居

图 2-42　中新桥

　　烈帝庙码头遗址及古纤道　位于中新桥西段北侧，码头一座，纤道一条。烈帝庙是为了纪念隋朝司徒常州人陈果仁（又作陈杲仁）所建的庙宇。烈帝庙码头是公用码头，附近居民在这里洗浣、挑水、采买等。码头和纤道长 66米，宽 1.1—1.8 米，青石质，黄石铺地驳岸。为了增加船的运力和提升船的运速，古时常有纤夫背纤，背纤是一个古老的、很辛苦的职业，中国古语说："人生有三件苦事，打铁、背纤、磨豆腐"。2012 年 2 月 1 日公布为常州市不可移动文物（图 2-43）。

　　胜利巷 16 号姚宅　清式砖木结构建筑、坐北朝南、面阔四间，进深四进，是常州乡土建筑的优秀代表。姚宅主人姚伯方是常州著名实业家，新中国成立后担任市纺织工业局副局长。1956 年姚伯方及夫人范如梅分别受到了毛主席的接见，在当时传为一段佳话。姚宅第一进正对着南市河，门前的两棵老树，是在姚伯方儿子出生的时候所栽种，至今已经有 80 年以上的树龄。2012 年公布为一般不可移动文物（图 2-44）。

　　胜利巷 33 号圆井　位于胜利巷 33 号东侧，井栏圈上刻有甲寅年置字样，推测凿于 1854 年或 1914 年，是一口公用义井，至今周边居民仍在此取水使用。

图 2-43　烈帝庙码头遗址及古纤道

图 2-44　姚宅

图 2-45 胜利巷 33 号圆井

2012 年公布为一般不可移动文物（图 2-45）。

盛宣怀故居 位于钟楼区大马园巷 18 号，与南市河历史文化街区隔街相望，为清同治六年（1867 年）盛宣怀父亲盛康与其侄儿盛宇怀合置。故居坐北朝南，硬山砖木结构，原占地约 10 亩，今存西路房屋三进、东路两进，另有黄石花园及辅房。2006 年 6 月被省人民政府公布为江苏省第六批文物保护单位，2020 年开始整体修缮（图 2-46）。

盛宣怀（1844—1916），字杏荪，号愚斋，又号杏生、补楼，晚年自号止叟，常州人，晚清洋务运动重要代表人物之一。生于官僚家庭，1870 年入李鸿章幕府，以办事干练深得李鸿章的赏识，成为李鸿章办洋务的得力助手。盛宣怀创办了中国第一个大型民用航运企业轮船招商局、第一家电信企业天津电报局、第一条南北铁路干线芦汉铁路、第一个钢铁联合企业汉冶萍煤铁厂矿公司、第一所理工科大学北洋大学堂（今天津大学）、中国最早的银行中国通商银行、中国第一家内河航运公司山东内河小火轮航运公司、中国第一个红十字会等，对中国的近代工业和教育有积极贡献。

3. 前后北岸历史文化街区

前后北岸历史文化街区南依延陵西路，北靠迎春步行街，东临文化宫广场，西接晋陵中路。前后北岸因其深厚的历史文化底蕴和辉煌的科举业绩，被誉为常州的"状元街坊、江南文眼"。历史上这一街区产生了五名状元，包括宋代的霍端友（一说居于钟楼区清潭区域）、明末杨廷鉴、清初常州第

图 2-46　盛宣怀故居

一个状元吕宫以及后来的赵熊诏、庄培因。此外还有榜眼三名、探花三名，进士有二百多名。古往今来，文人雅士在此聚集，北宋苏东坡、王安石以及清中期赵翼、恽南田，"毗陵七子"洪亮吉、吕星垣、赵怀玉等都曾在此居住。街区内有省级文物保护单位前北岸明代楠木厅、管干贞故居、吕宫府、常州文庙大成殿，市级文物保护单位赵翼故居、意园、道台府（将军楼）、材罩屋旧址、东坡书院旧址、汤润之故居（图 2-47）。

　　前北岸明代楠木厅　位于前后北岸历史文化街区西首，即藤花旧馆，为苏轼终老地遗址，现为苏东坡纪念馆。据记载：北宋时，这里原为白云尖西顾塘桥堍之孙氏馆。北宋徽宗建中靖国元年（1101 年）六月中旬，苏轼自海南儋州遇赦北上，寓居在此地，七月二十八日在此病故。南宋乾道八年（1172年）太守晁疆伯在此建东坡祠，元至大年间改建为东坡书院。至正时复废为民居，元末毁于战乱。明代中期，常州知府及里人在旧址重建。今犹存明建楠木厅三间，用材硕大，东西有两间厢房。相传东坡寓此时曾手植紫藤、香海棠，遂名"藤花旧馆"。紫藤下原置"东坡洗砚池"。乾隆二十二年（1757年）二月，第二次南巡，常州地方官将洗砚池移置万寿行宫（今东坡公园）内。1982 年 3 月 25 日，江苏省人民政府公布为第三批省级文物保护单位。2010 年进行了修缮（图 2-48、2-49）

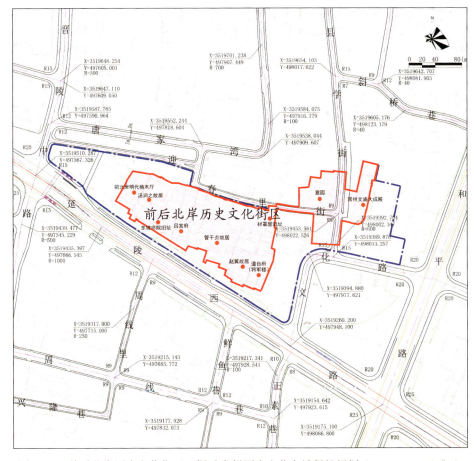

图 2-47 前后北岸历史文化街区（据《常州历史文化名城保护规划（2013—2020）》）

图 2-48　前北岸明代楠木厅

图 2-49　前北岸明代楠木厅梁架

管干贞故居　位于前北岸 28 号。由管干贞先祖明崇祯年间探花、礼部侍郎管绍宁所建。故居存有硬山造房屋三进，第一进楠木厅面阔三间，为抬梁式木构架建筑，楠木梁柱用料硕大。柱下垫加阴沉木柱础，为常州仅见。厅内原悬镶金"福"字横匾（现藏市博物馆）为管氏庆五世同堂时乾隆特御书赐"福"字以示荣宠，故称"锡福堂"，第二进后厅面阔五间，前廊后轩，厅前用围墙分隔，自成院落。第三进为楼厅，上下各五间，称读雪山房，管干贞在此读书作画著述。1995 年 4 月，江苏省人民政府公布为第四批省级文物保护单位。现为管干贞纪念馆（图 2-50）。

管干贞（1734—1798），原名干珍，御赐名干贞，常州府阳湖县人，于乾隆三十一年（1766 年）中进士，历任翰林院编修、御史、工部侍郎，乾隆五十四年（1789 年）起任漕运总督，居官清廉，耿直无私。

吕宫府　位于前北岸 64 号，东邻管干贞故居。原有房屋八进，今存五进，每进面阔五间，东有备弄相连，硬山造，砖木结构。2011 年 12 月 19 日，江苏省人民政府公布为第七批省级文物保护单位。2007 年实施修缮（图 2-51）。

图 2-50　管干贞故居

图 2-51　吕宫府

吕宫（1603—1664），字长音，又字苍枕，号金门，武进县（今常州）人，原居马山埠，明末中举人，清顺治四年（1647 年）状元，历任秘书院修撰、吏部侍郎、弘文院大学士加太子太保等职，官至一品。

常州文庙大成殿　位于今工人文化宫内，原为清代武进、阳湖两县学宫一部分，始建于宋咸淳元年（1265 年），历代均有修建。现存建筑大成殿为同治六年（1867 年）所建，为单檐歇山顶，面阔 5 间，进深 15 米，庄严古朴。大成者，取孟子"孔子之谓集大成"语意，宋徽宗曾尊崇孔子是"集古圣先贤之大成"。殿前有复建大成门及泮池、石桥，壁间嵌原文庙历朝石碑、原东岳庙石碑、重修文庙石碑及其他碑刻多块。常州籍艺术大师谢稚柳为县学题额。2011 年 12 月 19 日，江苏省人民政府公布为第七批省级文物保护单位（图 2-52）。

赵翼故居　位于前北岸 8 号。故居坐北朝南，现存第一进轿厅四间为复建，第二进五开间，第三进三开间为赵翼著书处"湛贻堂"。西首另有书斋"箫斋"三间等数十间和赵家园以西房屋均为清初建筑。赵翼故里原在武进县戴溪乡，赵翼 57 岁后移居至前北岸，人称"探花第"。赵翼在此居住长达 31 年，直至逝世。1987 年 12 月 26 日，常州市人民政府公布为第二批市级文物保护单位（图 2-53）。

赵翼（1727—1814），字云崧，号瓯北，又号裘萼，晚号三半老人，清代文学家、史学家。乾隆二十六年（1761 年）探花，历任翰林院编修、广西镇安知府、广州知府、贵西兵备道等职。晚年辞官归里，居前北岸。曾两度主讲扬州安定书院，从事著述数十年。他的诗意境开阔，富于创新，其绝句名言"江山代有才人出，各领风骚数百年"被广为传诵。所著《廿二史札记》与钱大昕《廿二史考异》、王鸣盛的《十七史商榷》为清代三大考史名著。

意园　位于后北岸 4—8 号。原为清康熙四十八年（1709 年）状元赵熊诏府邸花园。其府邸原有屋二十八进，占半条县学街，赵家从康熙至乾隆，显赫一时。赵熊诏父赵申乔做户部尚书，建造了这座云溪府第，赵熊诏后人"毗陵七子"之一的赵怀玉曾于此建方玉堂、云窝及水阁、亭榭等景点。清咸丰十年（1860 年），太平军占领常州在此设圣库，英王陈玉成曾在此驻节。清同治三年（1864 年），李鸿章率淮军攻陷常州，抢劫圣库，焚毁房屋，仅头门、大厅、延桂山房及魁星阁幸免。清光绪十二年（1886 年），湖北潜江知县史干甫回乡，购得此地后开池堆山，扩建成园，也把赵、蒋两家宅地合起再辟为内园、外园和宅院四进，筑垣墙，以漏窗隔成内外园，集北宋蔡襄书"以意为之"四字为门额，遂称"意园"。内园有五间花厅，又称经堂。

图 2-52　常州文庙大成殿

图 2-53　赵翼故居

当年此处曾叠砌假山，分春、夏、秋、冬四时设景，散置一山亭、鱼池、长廊迂绕，有"白云天尽""半潭秋水""云深处""绣佛龛"等景点。民国期间，内园假山被移入人民公园。外园是个狭长的院落，从南到北，排列延桂山房、船厅、魁星阁等。魁星阁为楼屋，分上下两层，飞檐翘角，原为状元赵熊诏读书处。1987 年 12 月常州市人民政府公布为第二批市级文物保护单位（图 2-54、2-55）。

道台府（将军楼）　位于前后北岸历史文化街区东首。道台府最初为清顺治、康熙年间副都御使徐元珙宅邸。道光年间徐氏后裔为道台，并建造府第，故称道台府。后房屋易主，清末被售与清光绪浙江兵备道恽祖贻，民国年间其孙恽公樾（安庆知府恽毓龄之子）又将其售与蒋超雄。蒋曾任国民党浙江省军管区副司令兼浙东师管区司令，中将军衔，故又称将军楼。道台府主建筑坐北朝南，现存砖木结构清代建筑正屋三进及一些附属建筑。2008 年 2 月 26 日，常州市人民政府公布为市级文物保护单位（图 2-56）。

材罩屋旧址　位于后北岸 7 号，又名四方楼。现存建筑为民国时期，坐北朝南，砖木结构，共两进，第一进三层楼房，第二进为侧层门房，内有院落和天井。材罩屋房屋旧主薛氏为常州大族，清末民初在此修建宅院。后来

图 2-54　魁星阁

图 2-55　花墙

房屋几易其主，日军占领常州后盘踞于此房屋内，成为日军十六师团一个中队的指挥部兼营房。日军对房屋内部结构和装饰进行了改造，建筑呈现出日式风格。楼顶带有四面老虎窗的阁楼，功能主要为瞭望和架设机枪。日军占领期间，在屋内关押和拷打抗日志士，加上改造过的房屋外形很像常州旧时出殡棺材上的罩子，因此该房屋也被老百姓称为"材罩屋"。2008 年 2 月 26 日，材罩屋旧址由常州市人民政府公布为市级文物保护单位。2010 年，完成了对材罩屋的修缮（图 2-57）。

东坡书院旧址 位于前北岸 70 号。现存清代建筑一进，坐北朝南，二层，硬山式砖木结构，面阔七间。苏东坡与常州渊源颇深，曾十多次来常州，并两次上表朝廷乞居常州，深受常州人民爱戴。明永乐《常州府志》引明洪武《毗陵续志》载"东坡书院，元至大间建立，在郡城顾塘桥北。"元至大间改建东坡书院，至正末废为民居。2007—2008 年前后北岸历史文化街区整治时修缮。2013 年 4 月 15 日，东坡书院旧址由常州市人民政府公布为市级文物保护单位（图 2-58）。

图 2-56 道台府（将军楼）

图 2-57 材罩屋旧址

汤润之故居 位于前北岸 76 号，西邻苏东坡纪念馆。主体共有四进，前三进为单层建筑，最后一进为二层楼，名春雨楼。汤世澍（1831—1902），字润之，号仲霖，晚号修叟，居住在前后北岸湛露堂后楼，所以别号春雨楼主，国子监生。汤世澍师法渊源家学，善画花卉，是晚清常州画派中没骨花卉的代表人物。书法工米芾，精者得其神髓。光绪二十年（1894 年）经安徽巡抚进献百花屏九帧，为慈禧太后所赏识。2018 年 3 月 25 日，由常州市人民政府公布为市级文物保护单位（图 2-59）。

图 2-58　东坡书院旧址

图 2-59　汤润之故居

4. 天宁寺—舣舟亭历史地段及红梅公园

天宁寺—舣舟亭历史地段是形成古城东部的重要历史文化区，以文笔塔为背景，以天宁寺和舣舟亭为基础，构成"寺—塔—岛"作为历史文化街区整体的重要节点，延陵东路及古运河作为贯穿街区的轴线。此处为常州老城厢东部，古城水系与运河在此交汇，林木葱郁，景色优美。明代洪武二年（1369年）改建新城，在舣舟亭、万寿宫东开挖新河，并将挖出泥土在此建坝，不让文气随运河而东流，曰文成坝。《清一统志·常州府二》记载：文成坝"先是城中水出东水门直行，明万历九年开新河，使水南入运河。旁筑二坝，建祠屋其上，曰文成里"。

该历史地段含括东坡公园，并与红梅公园相邻，文物资源丰富。有省级文物保护单位天宁寺、太平兴国石经幢、文笔塔、红梅阁，市级文物保护单位"舣舟亭、东坡洗砚池"、孙慎行行书碑、广济桥、飞虹桥、域城巷古井、乾隆御碑，以及太平兴国讲寺重修之碑、袈裟塔、老弋桥、明代轿形石经幢等较为重要的一般不可移动文物。其中天宁寺—红梅公园片区具有鲜明的宗教文化特征，东坡公园则保留了一批与苏东坡及乾隆皇帝有关的遗存。相传北宋大文豪苏东坡十四次来常州，曾乘船至此停泊并作《除夜野宿常州城外》，诗中言道"多谢残灯不嫌客，孤舟一夜许相依。"乾隆皇帝曾两次由东坡古渡上岸入城，在此题诗六首，刻碑以记。"风流苏髯仙，遥年此系艇，遗迹至今传，以人不以境"（图2-60、2-61）。

天宁寺　位于延陵中路636号。天宁寺始建于唐代贞观、永徽年间，于天复年间正式建寺，是常州地区现存规模最大、保存最完整的千年古刹，在明代被誉为"东南第一丛林"。清乾隆皇帝六下江南，曾三次到此拈香礼佛，并御书"龙城象教"匾额。该寺历经兴废，太平天国后期毁于战火，清同治四年至光绪三十年（1865—1904年）重建。与镇江金山寺、扬州高旻寺、宁波天童寺并称为"东南禅宗四大丛林"。现从山门起，在中轴线上依次排列有天王殿、大雄宝殿、玉佛殿、三宝殿，罗汉堂分设在东西两侧，文殊、普贤、观音、地藏殿各据一角。天王殿北廊墙壁嵌有明礼部尚书胡濙、清文史人家赵翼等所撰重修寺殿碑记6块。寺内保留有清嘉庆日晷，是古代天文学的重要资料。大雄宝殿前左右两壁所嵌清嘉庆三年初刻、后光绪年间补刻的罗汉石刻像，造型生动，线条流畅，是艺术精品。1982年，江苏省人民政府公布

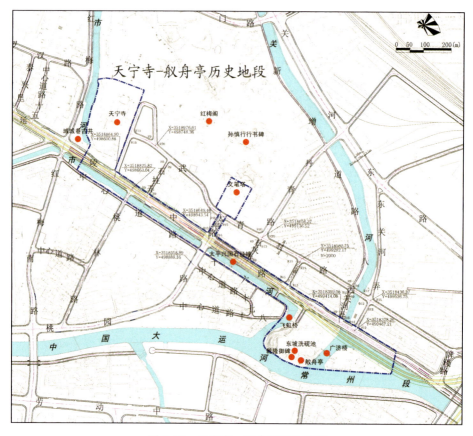

图 2-60　天宁寺—舣舟亭历史地段

为第三批省级文物保护单位（图 2-62）。

　　太平兴国石经幢　原位于常州市延陵东路通吴门旁，为宋太平兴国四年（979 年）太平兴国禅寺附属建筑，原有一对，并置于太平兴国禅寺门前，为熙宁二年（1069 年）所建。石经幢现在也是常州市区已知最早的石刻，原经幢东北两面均嵌于民房中，2000 年 6 月 1 日移至天宁区天宁街道舣舟亭社区延陵中路太平桥东侧 200 米处，现一座完整，另一经幢仅存须弥座残件三层。1995 年 4 月 28 日，江苏省人民政府公布为第四批省级文物保护单位（图 2-63）。

　　文笔塔　位于红梅公园南端。原为太平寺的主要附属建筑，称太平寺塔，又因塔形似巨笔，故又俗称"文笔塔"。塔基为覆莲底座，饰缠枝花卉，第一层、第七层有藻井。塔呈楼阁式，砖木结构，七级八面，周绕回廊。塔基

图 2-61　天宁寺—舣舟亭历史地段

图 2-62　天宁寺

图 2-63　太平兴国石经幢

八角形，由花岗岩叠砌，每层设有四个拱门。塔内有旋梯可供攀登，第六层置 16 米长的"通天"刹柱，通向塔顶。据洪武间碑文，"惟塔为萧齐旧物"，可知该塔建于齐建元年间（480—482 年）。明宣德三年（1428 年）毁于火，正德四年（1509 年）修复，万历年间又经两次修葺。清康熙三十三年（1694 年）遭火灾烧去顶端两层，乾隆十年（1745 年）修复，咸丰末年又遭兵火，光绪末年（1905—1908 年）重建。1937 年冬日军侵占常州时，击落了塔刹铜葫芦及上层宝珠、承露盘，塔身木结构被焚。现莲瓣状古塔基座为宋代遗物。据《常州府志》载，"相传塔为郡中文笔峰，每祥光腾现，辄开巍鼎之先兆"，遂俗称"文笔塔"。为修复古塔，1981 年 5 月，爱国人士刘璧如奉先人刘国钧遗命资助过半，市政府又拨款，于次年 11 月竣工。2017 年实施修缮。2019 年 3 月 20 日被公布为第八批江苏省文物保护单位（图 2-64、2-65）。

红梅阁　位于红梅公园东南隅。红梅阁建于 2 米高的土台基上，砖木结

图 2-64 文笔塔

构，重檐歇山顶，下有回廊，斗拱翘角，气势壮观。阁高 17 米，分上下二层，周筑垣墙，现改为石栏杆。南端有云鹤纹冲天石坊一座，三间四柱，额书"天衢要道""青云直上"，有明崇祯时题款。两旁石柱楹联为："道有源头，立言立功立德；工无驻足，希贤希圣希天"。阁内壁间尚存清代所刻《重建红梅阁施田碑记》《紫阳真人刻像》《重建红梅阁碑记》等石刻。阁前冰梅石柱，为元代天庆观牌坊石柱原物，今存其一，清乾隆《常州赋》称"甲于哥窑纹"。红梅阁是重要的道教建筑，此地唐末属水田寺，后归荐福寺，传为北宋道教南宗始祖紫阳真人张伯端著经处，北宋隶天庆观，南宋末年毁于战乱。元代重建道观，元贞元年（1295 年）改为玄妙观，并建飞霞楼于观之东北。元末飞霞楼毁，明代在楼旧址建红梅阁，历经兴废，最后一次毁于太平天国时期。现存建筑为光绪二十六年（1900 年）重建。2017 年整体修缮。2019 年 3 月 20 日被公布为第八批江苏省文物保护单位（图 2-66、2-67）。

舣舟亭、东坡洗砚池 位于东坡公园南侧。舣舟亭坐北朝南，东西向，

图 2-65　文笔塔

图 2-66　红梅阁俯瞰

图 2-67　红梅阁

图 2-68　舣舟亭

重檐歇山顶。正面石柱镌刻"舣舟亭畔喜留东坡居士，洗砚池边曾驻西蜀诗人"及"二月江南好风景，故人此日共清明"楹联。苏东坡曾数次在此停船登岸。宋神宗熙宁六年（1073 年），苏东坡在杭州通判任内运司，差往镇江时。途经常州，恰逢除夕之夜，为了不惊扰地方，他泊舟常州城外，寒冷孤寂中题写《除夜野宿常州城外》诗二首。南宋时建舣舟亭于此，以纪念东坡居士，清康熙、乾隆二帝南巡，均登此亭，分别题了"坡仙遗范""玉局风流"的匾额。现存建筑为 20 世纪 80 年代重修（图 2-68）。

东坡洗砚池为青石质，池长 1.6 米，宽 0.78 米。传说东坡晚年定居常州时，住本市顾塘桥北孙氏馆内，曾亲手栽紫藤一棵，紫藤旁有个洗砚池。他曾用池中水清洗笔砚，因而得名。清《光绪武进阳湖县志》载：此池系白石凿成，底旁有小孔，去其楔，水立涸，以新水益之，容十五六石许，积水盛夏不败。乾隆二十二年（1757 年），乾隆将驻跸于东郊万寿行宫，地方官员知道乾隆很欣赏苏东坡，特把东坡洗砚池从藤花旧馆移到行宫。1954 年市政府为纪念前人建舣舟亭公园把洗砚池安放于此。1964 年 4 月 17 日，常州市人民委员会公布为第一批市级文物保护单位（图 2-69）。

孙慎行行书碑　现位于红梅公园内，原位于关帝庙内，20世纪90年代迁至此地。碑高4.4米，宽1.25米。碑文内容为《文昌大帝忠孝化书记》，文中孙慎行借文昌大帝之祭祀劝学天下士子，共同齐民治世。1964年4月常州市人民委员会公布为市级文物保护单位。孙慎行（1565—1636），字闻斯，常州人，明万历年间探花，官至翰林院学士、礼部尚书，为明代著名政治家、东林党人。孙慎行是明末著名书法家，孙慎行行书碑被列入中国名碑。1964年4月17日，常州市人民委员会公布为第一批市级文物保护单位（图2-70）。

广济桥　位于东坡公园御码头和半月岛之间的大运河上。系纵联分节并列式镶边三孔连拱桥，原为南北走向，位于常州城西运河之上，俗名"西仓桥"。据光绪《武进阳湖县志》载，该桥始建于明代正统十二年（1447年），由江南巡抚周忱倡建，距今已有560年历史。西仓是常州府武进县漕粮储存地，每年新粮离田、赋税上征，四乡农民纷纷来到此地完粮纳税。起先是一座木桥，方便南北乡民和客商往来。后为交通要道，由于河阔行人较多，明成化十七年（1481年），由南京兵部尚书、应天巡抚王恕与常州知府孙仁倡议改

图 2-69　东坡洗砚池

图 2-70　孙慎行行书碑

图 2-71　广济桥

建为三孔石拱桥。1986 年，因拓宽运河之故，该桥移建于此。2003 年 12 月，市人民政府公布为常州市文物保护单位（图 2-71）。

飞虹桥　位于东坡公园门口西首。桥于清乾隆五十年（1785 年）重修，时称水平桥，亦称西龙桥。每当夕阳西下，桥身像彩虹一般倒影水中，故民间俗称"飞虹桥"。桥梁以花岗岩条石为拱券。石栏杆两面凿刻"飞虹桥"三字。2003 年 12 月，常州市人民政府公布为常州市文物保护单位（图 2-72）。

域城巷古井　位于天宁寺西侧绿化带内。1956 年发现叠压于新城城墙墙基之下，发现时井深 3 米，用平砖圈砌井身，发现地点为域城巷，因而得名域城巷古井。推测古井为元代遗存。现井栏移至沿河绿化带内。古井的井栏由上下两个井栏圈组成。下井栏为麻石质，平面呈圆形，内径 0.37 米，高 0.52 米，上井栏平面呈八角形，青石质，直径约 0.37 米。井圈有使用的磨痕。2008 年 2 月 26 日，域城巷古井由常州市人民政府公布为市级文物保护单位（图 2-73）。

乾隆御碑　位于东坡公园御碑亭内，共有清刻石碑 6 块，分别为《御制过常州府城诗》《御制过常州府城八韵》《御制过常州诗》《跋马过常州至

图 2-72　飞虹桥

图 2-73　域城巷古井

舣舟亭进亭》《御制舣舟亭诗》《御制舣舟亭再叠旧作韵诗》，行楷书体，刻工精湛，笔画清晰。据清《光绪武进阳湖县志》记载，碑文为乾隆皇帝巡游江南时来常所作，记述了乾隆皇帝南巡时的盛况和他对宋代大文豪苏东坡的颂扬之情。2011 年 1 月 5 日常州市人民政府公布为第五批市级文物保护单位（图 2-74）。

另外，在东坡公园的沿河西侧有南港码头工业遗产区，保留了一批老厂房和设施设备，并曾在临河区域进行考古发掘，发现常州古城墙遗址（图2-75）。

5. 三堡街—西直街、锁桥湾、南河沿历史地段

三堡街—西直街历史地段、锁桥湾历史地段、南河沿历史地段都位于常州城西。大运河常州段被称为贡赋必由之路，常州西门外为漕粮转运之地，常州米市由此兴盛。明代为便于漕粮转运，开设西仓于此，建有广济桥（西仓桥）沟通两岸。继米业之后，"豆、木、钱、典"四大行业相伴而生，商贾往来，店铺林立，至今运河两岸还保留有较好的古街风貌。三堡街—西直街历史地段位于运河两岸，东南有一个十字交叉河口，往北是锁桥湾，是罗

图 2-74 乾隆御碑

图 2-75 南港码头

城的城壕，往南是南运河，可通滆湖、太湖，沿岸分布有锁桥湾历史地段和南河沿历史地段。这里是常州古运河与太湖水系沟通的枢纽区域，南运河又名西蠡河、浦阳溪、常溧漕河，是通往滆湖、宜兴、金坛、溧阳等地的主要航道。水系交汇形成的水流湍急不利于航运安全，于是在此堆筑了一个带状半岛，分流并缓解了湍急的水流，这个半岛犹如伸在水中的龙嘴，故被人们称为"石龙嘴"，堪称常州的"都江堰"，彰显了近代常州因河而兴的水利、商贸文化和江南水乡的传统生活方式。

常州运河工业遗产是运河文化遗产的重要组成部分，承载着大运河的工业文明及常州作为运河城市发展的历史记忆。该地段内拥有恒源畅厂旧址、航仪厂等丰富的工业遗产资源，其中恒源畅厂旧址成为新晋国家工业遗产，以"运河五号"龙头企业带动中小型创意企业的集群式发展。工业遗产的保护及活化利用为该地段注入新的发展活力。

三堡街—西直街历史地段位于大运河两岸，历史地段有省级文物保护单位恒源畅厂旧址。锁桥湾历史地段有市级文物保护单位夏家大院、锁桥、杜宅、安邦小学教学楼旧址。南河沿历史地段与市级文物保护单位沈氏宗祠、南河沿 15 号民居、南河沿 60-3 号民宅。三个历史地段历史风貌保存较好，另有传统民居、店铺等三十余处（图 2-76）。

恒源畅厂旧址   位于三堡街—西直街历史地段的三堡街 141 号，京杭大运河南岸。20 世纪 30 年代初，木材店老板汤梦熹、荆春生、费定庵三人集资办起三和布厂，在古运河畔的三堡街 141 号选定了厂址，主要生产四十码白细布和白斜纹布。1933 年，润源色布店的老板毛锡章接手了三和布厂，改名"恒源布厂"。"恒"寓意长久，"源"取自"润源色布店"。毛锡章接手后，工厂有了真正的发展，不仅能织布，还能做印染。解放以后，恒源畅经过社会主义改造转变为公私合营的恒源畅染织厂，1966 年，工厂转变为完全国营的常州第五棉织厂。1980 年，考虑到产品的更新和丰富，再度更名为常州第五毛纺织厂。这座典型"伴河而生"的老企业在 20 世纪 90 年代后期停产，已经在古运河南岸沉寂了十多年，但厂区内房屋建筑风格独特，从 20 世纪 30 年代到 80 年代，有少部分早期民居、日式建筑，尤其是连排锯齿型厂房，非常具有纺织企业的特色。办公楼现存两层建筑，建于 20 世纪 40 年代初期，为当时企业办公大楼。大门立柱上有欧式风格的水泥雕塑，立面窗

图 2-76　三堡街—西直街历史地段

套边角有灰塑蝙蝠花纹，象征有"福"，非常精美。2011 年 12 月 19 日公布为第七批省级文物保护单位，2019 年底列为第三批国家工业遗产（图 2-77、2-78）。

　　锁桥　位于锁桥湾历史地段西侧，横卧在锁桥河上。锁桥原名所桥，因这一段河形似锁，故名锁桥。锁桥为单孔跨径 5.65 米的石拱桥，桥长 10 米，宽 4.8 米，梁底标高 5.83 米，桥面标高 6.22 米，砖砌栏杆，条石压顶，是常州市区仅存的几座原汁原味的古桥之一，有较高的历史和建筑艺术价值。2008 年 2 月 26 日常州市人民政府公布为市级文物保护单位（图 2-79）。

　　杜宅　位于锁桥湾历史地段勤工路 147 号。建造者杜桂生原为浙江绍兴人，精于机械加工，为厚生制造机器厂总机械师，并培养出常州最早的一批机械工人，新中国成立后他们成为常州柴油机厂的技术骨干。杜宅为二进五开间民国早期建筑，第一进正门为石库门，门上有雕花图案，窗上有各种图案，罗砖铺地；第二进为二层楼，民国式长窗和门保存完好，是常州民国时期优秀建筑代表之一，二进之间为一大天井，青石铺地，每进东西各有厢房一间。2008 年 2 月 26 日，常州市人民政府公布为第四批市级文物保护单位（图 2-80）。

图 2-77   恒源畅厂旧址大门

图 2-78   恒源畅厂旧址

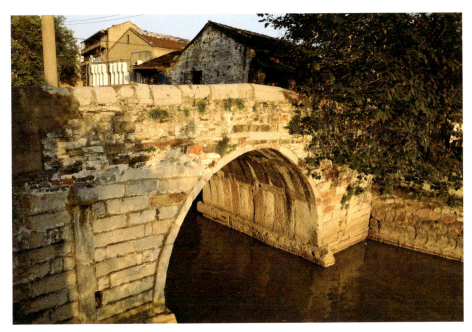

图 2-79　锁桥

图 2-80　杜宅

安邦小学教学楼旧址　位于锁桥湾历史地段新市路 9 号市教育局校管站内，现仍作为其办公场所使用。由常州著名书法家唐驼于 20 世纪 20 年代筹资所建，为两层青砖小楼。唐驼继承先人唐安邦孝行，立志恢复唐孝子祠、坊和祭享亭，创建安邦小学。经过数年呕心沥血地写对联出售，唐孝子祠、坊终于建成，并广植树木花草，定名暂园。后来暂园和安邦小学大部分毁于日寇侵华战争。20 世纪末钟楼区政府修复了暂园，门楼上"暂园"二字由唐驼的儿子、原省政协常委唐念慈所书。2008 年 2 月 26 日，常州市人民政府公布为第四批市级文物保护单位（图 2-81）。

夏家大院　位于锁桥湾历史地段西直街 240 号，坐北朝南，硬山造砖木结构，现存六进院落。分东西两路，平面呈"L"形。夏家大院由江阴夏港镇夏氏十六世夏秉钧所建，19 世纪末，他在常州开设布店"广润昌色布号"，并在西直街置地建屋，1903 年建西路三开间四进院落，第一进、第三进朝北均有门楼，马头墙地方特色鲜明。二、三进西侧有备弄，备弄东墙有琉璃质柿蒂花窗。第三、四进均为楼房，有半转盘楼。另有"夏玉树堂丁末年立"

图 2-81　安邦小学教学楼旧址

八角井、辅房及假山花园。1907年在其东北侧建两进院落，为五开间二层楼，南侧有三间单层建筑作为经堂。夏家大院建筑体量宏大，保存完整，是常州地区存世不多的古建筑群。夏秉钧一生乐善好施，周急济困，热心常州公益事业，深受邻里乡党称颂。2013年4月15日常州市人民政府公布为第六批市级文物保护单位（图2-82）。

图2-82 夏家大院

沈氏宗祠 位于南河沿历史地段南河沿 10 号，建于清光绪年间，坐西朝东。祠堂现存四进建筑，每进三开间。沈氏宗祠结构严谨，布局精巧，建筑富有特色，是常州乡土建筑代表作。2008 年 2 月 26 日常州市人民政府公布为市级文物保护单位（图 2-83）。

南河沿 60-3 号民宅 位于南河沿历史地段南河沿 60-3 号，现存一进三开间二层楼，坐西朝东，造于民国年间（约 1928 年），山墙观音兜形制独特，保存有民国"寿""龙凤"等图案的水磨石地面，建筑青砖上有"洪二""周松茂"字样。谢宅原为协丰油厂老板宅第。2011 年 1 月 5 日常州市人民政府公布为第五批市级文物保护单位（图 2-84）。

常州城西运河边还是养护木材的好地方。在常州四大行业中，木业曾为四业之首，常州河道受江潮影响，含沙量较富（俗称浑水），利于养护木质，远非苏州、无锡等处清水所能比拟。直到 20 世纪 80 年代，从新闸到三堡街的河边还一直有木排浸泡水中。至今南运河沿岸保留有多处与木业相关遗存。

南河沿 15 号民居 位于南河沿历史地段，为汪桂森宅。汪桂森（1916—1974），常州人，年少时在源丰恒木行学徒，1935 年入职永丰盛木行，在沦

图 2-83 沈氏宗祠

图 2-84　南河沿 60-3 号民宅

陷期负责处理永丰盛剩余木材，1944 年合伙创立"义泰木行"。1945 年抗战胜利后筹备改组永丰盛，并担任永丰盛副董事长、副经理。汪宅建于 1950 年，坐北朝南，现存二进院落，第一进一层，第二进三层楼，为清水砖木结构建筑，东南侧延伸两间二层楼，平面为曲尺形，体量较大。2011 年 1 月 5 日常州市人民政府公布为第五批市级文物保护单位（图 2-85）。

　　南河沿 35 号　为永丰盛木行旧址，创办于民国三年（1914 年），由元丰盛木行改组而来。早在宣统三年（1911 年），黄西洲、盛嘉声、汤金声、金华盛在西仓街开设了元丰盛木行，加上徐菊溪一股，共五大股，资本一万元，盛嘉声任管事。三年多利润倍增，无奈盛嘉声被盛乾丰聘去并撤资，于是改组永丰盛，地点设在南河沿陆家巷黄西洲新建的房屋内，经理公推徐菊溪担任。永丰盛生意兴隆，人才辈出，全盛时期营业年总金额达一百万银圆，位居"三丰一泰"之前列。1927 年迁址西仓街。直至常州沦陷，永丰盛歇业。南河沿永丰盛木行旧址现存房屋两进四开间二层楼，有砖雕门楼，翻轩等雕花精美。2012 年 2 月 1 日公布为常州市不可移动文物（图 2-86）。

　　西仓街 17 号　位于南河沿东首，为木商李金林宅。造于 1950 年，坐北

图 2-85　南河沿 15 号民宅

朝南，二层半，面阔三间，清水砖木结构建筑。李金林为西仓街公盛聚记木行负责人。2012 年 2 月 1 日公布为常州市不可移动文物（图 2-87）。

6. 西瀛里

　　常州市西瀛里，南依京杭大运河，西接常州城西三个历史地段，东邻南市河历史文化街区，地理区位十分重要。此处西瀛里所指区域主要是怀德桥至西水关的延陵西路以南、大运河以北区域。区域内有文物资源如市级文物保护单位文亨桥、西瀛里城墙、志王府、邹浩祠、民元里民宅、庄氏济美堂、传胪第及一般不可移动文物庄氏塾馆，另有日本洋行旧址毗邻。

　　西瀛门城墙　包括从表场至西水关一段，长 210.9 米，宽 4.6 米，高 6 米。据有关史料记载，西瀛里曾是明初大将汤和的驻兵之地，旧称"西营"。后因附近经常发生火灾，于是改"兵营"的"营"为现在的"瀛"，取以水克火之意，故名西瀛里。由于西瀛里有城墙阻隔，又缺乏消防设施，一旦失火，后果不堪设想。于是，民国十二年（1923 年）在城墙上辟出一门，谓"西瀛门"，三字原由常州书法家唐驼所书，散佚后依原迹恢复。1987 年 12 月常州市人民政府公布为第二批市级文物保护单位，2003 年常州市人民政府修复西瀛门

图 2-86　南河沿 35 号（图左侧两栋观音兜建筑为永丰盛木行旧址）

图 2-87　西仓街 17 号

城墙（图 2-88）。

文亨桥　位于篦箕巷东首，为三孔石拱桥，长 41 米，宽 5.1 米，高 8 米，始建于明嘉靖二十七年（1548 年），距今已有 460 余年历史，但比始建于明正统年间的西仓桥要晚，相比之下，它属新建，俗称"新桥"。当时地处的石龙嘴与土龙嘴之间来往船只频繁。"文亨为南北锁钥，粮艘上下，轮蹄交错"，可见其地理位置非常重要。《红楼梦》结尾一章中，把宝玉与其父亲的最后一面安排在这里的毗陵驿处的文亨桥。文亨桥造型挺拔雄杰，原跨大运河，三个拱券映入水中形成三个圆环。每当秋夜时分，明月当空，三个洞环中均能看到月亮的倒映，这就是闻名遐迩的"文亨穿月"之景。1987 年整治运河改建篦箕巷时将该桥方向调转，现桥为东西向，与运河平行。2003 年 12 月，常州市人民政府公布为常州市文物保护单位（图 2-89）。

传胪第　位于民元里 1 号。庄氏济美堂、传胪第、庄氏塾馆三所建筑均为万历进士、官居太仆寺少卿的庄起元建造。庄氏为常州望族，明、清两代科第不绝，为官宦世家。原为维祺堂，由庄起元分给其第四子庄应会居住。明崇祯元年（1628 年），庄应会殿试二甲第一名（传胪），遂将维祺堂改称

图 2-88　西瀛门城墙

图 2-89 文亨桥

传胪第。现存建筑为原屋第三进平层 1 间，第四进楼厅上下各 5 间，两侧厢楼上下各 4 间，硬山式砖木结构、轩敞高大、外形庄重，具有明末清初建筑特色。1987 年 12 月公布为常州市文物保护单位（图 2-90）。

邹浩祠 又名邹忠公祠，原在西瀛里 254 号，始建于明代万历三十一年（1603 年），清代康熙十四年（1675 年）重建，乾隆年间又重修，2006 年迁移至民元里 1 号。现有一进四开间二层楼。邹浩（1060—1111），字志完，晋陵（常州）人，宋文学家、教育家。宋神宗元丰五年（1082 年）进士，官至兵、吏二部侍郎、宝文阁直学士。著有《道乡集》行世，卒谥"忠"，《宋史》有 800 字的《邹浩传》。2008 年 2 月公布为常州市文物保护单位（图 2-91）。

庄氏济美堂 济美堂之名取自于《左传》"世济其美"，原为庄起元自住宅院，后为其第五子庄应诏居宅。原有房屋五进，建筑气势恢宏，雕刻精美，堂内有荷包月梁、精致挂落、长窗等，地面青砖采用六角形方砖拼接铺法，半墙采用八角形砖细墙裙。2005 年迁移至民元里 1 号。2008 年 2 月公布为常州市文物保护单位（图 2-92）。

图 2-90　传胪第

图 2-91　邹浩祠

图 2-92　庄氏济美堂

志王府   是太平天国志王陈志书的府第遗址。陈志书,广西浔州府桂平县人,为护王陈坤书胞兄。1851年陈志书与陈坤书参加太平天国金田起义,1860年被派驻常州郡担任镇守主将,因功勋卓著于1863年被晋封为志王。志王府建于清同治二年(1863年),系当年太平天国将领陈志书被天王洪秀全封为志王后所建府邸。现由七间大厅(含二层楼)和转盘楼(回字楼)组成,中间以天井相连,为一组二层硬山式砖木结构建筑。志王府楼厅高敞雄伟,建筑木结构雕刻精美,具有典型的太平天国时期的艺术特色。原位于南大街,2005年迁移至民元里1号。2008年2月公布为常州市文物保护单位(图2-93)。

民元里民宅   建于民国元年(1912年),坐南朝北,大门正对庄氏传胪第,后门面临西瀛里,为中西合璧式砖木结构建筑群,有门厅、回字形转盘楼、后厅等。房屋外部东侧山墙上嵌有"民元里"3字砖雕,取民国元年(1912年)之意。2005年迁移至民元里1号。2008年2月公布为常州市文物保护单位(图2-94)。

图2-93   志王府

图 2-94　民元里民宅

庄氏塾馆　位于民元里 1 号。为瞿秋白童年接受启蒙教育处。庄家是瞿秋白祖母娘家，1903 年瞿秋白祖母一家人自乌衣桥搬至此处居住达 12 年之久，瞿秋白在此度过了童年。瞿秋白 5 岁入塾馆求学，至 1905 年春去觅渡桥北冠英小学插入初等班就读，瞿秋白在塾馆学习了一年多。庄氏塾馆为硬山式清代建筑，共三间。2012 年 2 月 1 日公布为常州市不可移动文物（图 2-95）。

日本洋行旧址　位于杨柳巷 26 号，坐北朝南，大门朝西南，建于 20 世纪 40 年代。新中国成立后，20 世纪 50—80 年代为市建委大楼，是常州标志性建筑。据老人回忆，这里曾是日本人在常州的洋行。用花岗岩作地基和一层墙基，建筑讲究美观，质量上乘。楼梯踏脚为铜条镶嵌，扶手为实木，楼梯为磨光石子，典型民国风格（图 2-96）。

7. 同济桥段

同济桥段是指在明运河同济桥两岸地带，分布有红色文化、宗教文化、工业遗产等代表性文物。包括全国重点文物保护单位张太雷旧居、省级文物保护单位清凉寺和市级文物保护单位"大成一厂老厂房、求实园、刘国钧办

图 2-95　庄氏塾馆

图 2-96　日本洋行旧址

公楼"。

张太雷旧居 位于天宁区和平中路子和里 3 号，是一座两路二进三开间木结构的江南老式民居建筑。在天津北洋大学读大三的太雷奉母亲之命回常州与妻子陆静华结婚，1918—1925 年他们在常州城的南门外租下了这座房子居住，三个子女相继出生在这里。2006 年张太雷旧居由国务院公布为第六批全国重点文物保护单位（图 2-97）。

张太雷（1898—1927），江苏常州人，中国共产党早期的重要领导人之一，忠诚的共产主义战士，中国共产主义青年团的创始人之一和青年运动的卓越领导人，广州起义的主要领导人。

清凉寺 位于天宁区和平中路 488 号。清凉寺是常州规模仅次于天宁寺的国内知名佛教寺院，最早是北宋枢密副使胡宿于宋英宗治平元年（1064 年）请额建造的"报恩感慈禅院"，简称报恩寺，原在德安门外三里，毁于元末。明永乐元年（1403 年）移建今址，明代宗景泰五年（1454 年）礼部尚书胡濙因念其先祖胡宿曾为宋端明殿学士，且有祠在寺内，于是奏请朝廷改"报

图 2-97 张太雷旧居

恩寺"为"端明寺",清咸丰年间又毁于太平天国战火,1904年改名清凉寺。清光绪至民国间先后重建大雄宝殿、天王殿、藏经楼、法堂、禅堂等三百余间。现存主体建筑坐西朝东,且均是硬山式砖木结构,建筑采用传统的四合庭院封闭式格局,天王殿、大雄宝殿、大悲阁、海镜堂、藏经楼均位于一条纵轴线上。大雄宝殿为2014年复建。寺内尚存明正统八年(1443年)礼部尚书胡濙立《报恩感慈禅寺佛殿记》。1982年3月省人民政府公布为第三批省级文物保护单位(图2-98)。

大成一厂老厂房、求实园、刘国钧办公楼　位于天宁区同济桥西北侧。该建筑群建于20世纪三四十年代,老厂房、刘国钧办公楼东邻和平北路,属于大成一厂旧址东端,南北相连,青砖所砌,办公楼为二层小楼,以便观察当时整个厂房活动。其中求实园位于巨凝金水岸内,园内亭台楼阁、小桥流水,典型江南园林布局,为企业内部园林。2008年2月26日常州市人民政府公布为市级文物保护单位(图2-99、2-100)。

8. 古城其他重要文物资源

瞿秋白故居——瞿氏宗祠　位于钟楼区延陵西路188号,由瞿秋白叔祖

图2-98　清凉寺

图 2-99　大成一厂老厂房

图 2-100　求实园

父瞿赓甫于 1898 年出资建造的，坐北朝南，分为东西两院，共有平屋四进十九间，中间隔墙、有门相通，为硬山造式砖木单层建筑。西院为宗祠正屋，东院为族人祭祀祖宗后休息吃饭的地方。秋白一家住在东首厢房内，由东侧门出入，秋白在此度过了少年时代。瞿秋白是中国共产党早期的主要领导人之一，是伟大的马克思主义者，卓越的无产阶级革命家、理论家和宣传家、中国革命文学事业的奠基者之一。1996 年 11 月 20 日瞿秋白故居由国务院公布为全国重点文物保护单位（图 2-101）。

中山纪念堂　位于钟楼区大庙弄北侧，为一宫殿式建筑，宏伟壮观，前身为北宋太平兴国年间（976—984 年）的常州府城隍庙大殿。1933 年为纪念孙中山先生，改建为中山纪念堂。纪念堂坐北朝南，面阔三间，二层（另设有阁楼），进深 19.2 米、高 19.7 米、重檐歇山顶、飞檐椽、翼角、简易斗拱、坪基四周砌平台、钢筋混凝土过梁、铁柱支撑、青砖青水砌筑、四面带廊、栏杆围护，四角设穹隆顶方室，外形采取宫殿式、内形采取罗马式的中西风格结合结构，建筑面积 324 平方米，是常州地区近代建筑的典型之作。1934 年元旦，著名剧作家洪深、朱端均教授曾率上海复旦剧社临此演出，以庆落成。2014 年，对中山纪念堂进行整体修缮时，在中山纪念堂室内后壁镜

图 2-101　瞿秋白故居——城西瞿氏宗祠

框式台口上方，发现自右向左书写的颜体楷书"天下为公"四个大字，字宽0.98—1.25米，高1.1米，总宽5.2米，该处是常州地区目前所见唯一一处民国时期遗留的"天下为公"墨书。纪念堂西首有200年以上树龄的古银杏一株。2011年12月19日，江苏省人民政府公布为第七批省级文物保护单位（图2-102）。

庄蕴宽故居　位于钟楼区延陵西路198号。故居"欢喜坚固室"在原邮电局办公大楼后，建于1930年，为西式假三楼（二楼一阁），面阔三间，南向，庄蕴宽晚年居住并终老于此，今仍保持原貌。楼后有老宅平房5间，硬山造木结构，系其书斋。1987年12月常州市人民政府公布为第二批市级文物保护单位（图2-103）。

庄蕴宽（1866—1932），字思缄，号抱闳，晚号无碍居士，江苏常州人，中国近代爱国政治家、书法家，故宫博物院早期领导人之一。庄蕴宽是近代中国转型时期一位特殊的历史人物，清末时任职广西，积极创办新学，掩护过黄兴、蔡锷在广西的革命活动，选拔李济深等人去军校深造。辛亥革命爆发后，担任江苏都督，后进京任都肃政使、审计院院长等职，曾公开反对袁世凯复辟。曾主持故宫博物院在乾清宫举行的开幕典礼并曾经实际主持院务。

图 2-102　中山纪念堂

图 2-103　庄蕴宽故居

晚年担任《江苏通志》总编纂，收集资料居全国之冠。

未园　位于钟楼区东横街 18 号、常州市少年科学艺术宫内，系钱祥丰木行旧址，由钱遴甫 1920 年至 1923 年筹资兴建，其门客许秉煜设计，园名取钱氏自谦"尚未成园"之意。全园呈不规则长方形，南北长，东西窄。建筑具江南园林特色，有滴翠轩、四宜厅、乐鱼榭、汲玉亭、月洞、挹爽亭、长春亭等，乐鱼榭北侧以黄石垒砌一水池，池上有垂虹桥。园内植有百年香樟、桂花、罗汉松等古树名木，湖石嶙峋，古雅幽静。1995 年 4 月 28 日公布为省级文物保护单位（图 2-104）。

常州府学　位于钟楼区西横街、市第二中学内。常州府学为清代一府八县最高学府，创办于唐肃宗至德年间（756—758 年），宋太平兴国四年（979 年）扩大规模，并将夫子庙并入。明清时曾多次重修，现仅存大成门，为清光绪二年（1876 年）重建。常州府学内原有吴宗达书《分置学田碑》、庄存与撰书《重修常州府学庙记》及白昂、薛敷政等明清书碑多块。1987 年 12 月常

图 2-104 末园

州市人民政府公布为第二批市级文物保护单位（图 2-105）。

近园 位于天宁区化龙巷东、十字街南，是江南地区极具明末清初风格的私家园林，也是常州古典园林的代表作品。近园原系明万历三十二年（1604年）进士、陕西布政使恽厥初的别业。清康熙七年至十一年（1668—1672年）福建延平道按察司副使杨兆鲁辞官返乡营建近园，历时五年，"近乎似园，故名近园"。杨曾邀请著名画家恽南田、王石谷、笪重光等在园雅集，由杨作《近园记》，恽书石，王作《近园图》，笪为之题跋，一时传为盛事。现题记残碑仍留园中。咸丰之后分别为丁、刘所有。光绪末归恽氏，称"复园""静园"。近园南北长 80 米，东西宽 64 米，"西野草堂"居中，亭榭、书斋、轩馆、回廊均依山而建，20 世纪 70 年代此地作为常州宾馆内园，接待了许多来常重要领导人、外国使团和知名人士。2013 年 3 月 5 日公布为全国重点文物保护单位，2018 年整体修缮（图 2-106）。

吕思勉宅 位于天宁区十子街 8—10 号。吕思勉（1884—1957），字诚之，中国近代历史学家、国学大师，与钱穆、陈垣、陈寅恪并称为"现代中国四

图 2-105　常州府学

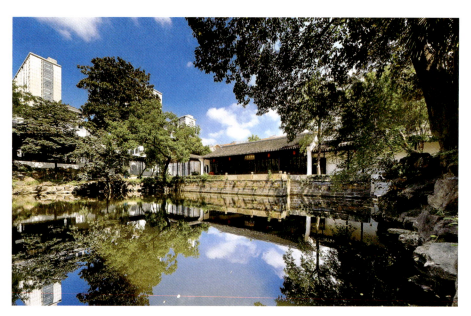

图 2-106　近园

大史学家"。吕思勉先世原居住宜兴，自明代永乐年间（1403—1424 年）由宜兴迁居常州，至清代遂为阳湖（常州府属县）人。咸丰元年（1851 年），祖父吕晋廷时任江西奉新知县，在家乡十子街购地建房，故居占地面积 2.066 亩，建有东、西两宅，各前后四进，坐北朝南，建筑为清代硬山式结构，东西两宅各有大门进出，中间有花园相通。抗日战争时期，吕家西宅遇炸，现存东宅 4 进，前三进为单层建筑，第四进为楼屋。现布置"吕思勉生平展"。2011 年 12 月 19 日，江苏省人民政府公布为第七批省级文物保护单位（图2–107）。

恽代英住地　位于天宁区晋陵中路 500 号，是一处两路两进清代传统建筑，另有天井、厢房、备弄等建筑均保持了较好的飞檐黛瓦、罗砖粉墙、木格窗花的江南风韵。恽代英祖籍江苏常州，生于湖北武昌。恽代英是中国共产党早期的重要领导人之一、中国青年运动著名领袖，无产阶级革命家、理

图 2–107　吕思勉宅

论家和宣传家。在江苏从事革命活动期间，由沪赴宁途中，顺道回故乡一行，探望姑父姑母，畅叙亲情。2015 年年初，恽代英住地修缮陈展工程正式展开，并于 8 月 12 日恽代英同志诞辰 120 周年之际顺利建成，向市民免费开放，成为常州又一处爱国主义教育基地。2019 年 11 月 8 日由常州市人民政府公布为市级文物保护单位（图 2-108）。

黄仲则故居　位于天宁区马山埠神仙观弄 1 号。黄仲则（1749—1783），名景仁，字仲则，常州毗陵七子之一，与洪亮吉为至交好友，清乾隆年间著名诗人，兼工书画篆刻，著有《两当轩集》等。写有"十有九人堪白眼，百无一用是书生"，"全家都在风声里，九月衣裳未剪裁"等诗句。袁枚誉之"今李白"，包世臣称"乾隆六十年间论诗者推为第一"。现存建筑为黄仲则祖上所遗，建于明清时期。西厢房为两当轩，为诗人当年"沉酣经籍，融液子史，咳唾珠玉"的书斋。轩内珍藏诗人毕生心血凝成的《两当轩集》原雕版由常州市博物馆珍藏。1964 年常州市人民委员会公布为常州市第一批市级文物保护单位，2004—2005 年修缮（图 2-109）。

逸仙中学旧址　位于天宁区中山路 117 号、市中山路小学校内。逸仙中学校址所在地原为阳湖县药王庙，1927 年 9 月，中共武进临时县委在药王庙

图 2-108　恽代英住地

图 2-109 黄仲则故居

创办学校，以孙中山之号"逸仙"命名，名为私立逸仙中学，以药王庙大殿、厢房、戏楼等建筑均作为教室，经费则由恽逸群筹措。1928 年 2 月 24 日夜，陈一梦、恽逸群被捕，次日上午被解送南京，逸仙中学被迫停办。逸仙中学仅存在了 6 个月，但保护了一大批地方革命骨干力量。今存改建过的四方厅一座、房屋两进及残碑二通，占地面积 302 平方米。四方厅现坐南朝北，单层三开间，硬山顶，面宽 8.8 米，进深 8 米，东、西、北三面立柱设廊。四方厅东侧有南、北两进建筑，现坐南朝北，单层三开间，硬山顶，有翻轩。两进建筑间天井进深 3 米。建筑墙壁间嵌有清末青石质残碑 2 通，一为晚清陆鼎翰记、蔡廷槐书、翰林汪洵篆额，一为咸丰元年进士余保纯撰、高宝森书丹。1987 年 12 月 26 日，逸仙中学旧址由常州市人民政府公布为市级文物保护单位（图 2-110）。

大陆饭店旧址　位于钟楼区乌龙庵 2 号。坐北朝南，上下两层，西侧为三进楼房，东侧为厢房，建于 1916 年，占地面积 460 平方米，建筑面积 1094 平方米，墙角有"慎俭堂金宅"界桩。大陆饭店是中西风格结合的民国

图 2-110　逸仙中学旧址

图 2-111　大陆饭店旧址

时期建筑，保留有天井、小青瓦屋面、骑马楼等江南传统建筑特征，也有弧形拱券门窗、水泥平顶、欧式回廊、罗马壁柱、浮雕线条装饰、彩色玻璃等西方建筑元素，尤其是南立面的欧式风格雕塑，在常州地区仅见于此。大陆饭店的选址在城中心的乌龙庵，聘请国外设计师设计，总体结构为中国古典建筑风格，主楼、厢房、天井、回廊的布局井然有序，保留有青瓦白墙、木格窗棂、坡顶重檐的江南水乡建筑风格，同时又加入了大量西方建筑元素，中西结合，相当美观。2013 年 4 月 15 日，常州市人民政府公布为第六批市级文物保护单位（图 2-111）。

　　护王府遗址　位于天宁区局前街 187 号。原建筑前后共七进，坐北朝南，大门设在南面马山埠一带（今迎春步行街附近）。现存的回字形转楼（俗称"走马楼")两进建筑仅是原来护王府建筑护王府内宅部分,七间二层,砖木结构。屋檐龙凤纹和鲤鱼跳龙门瓦滴水,转楼的梁、墩、落地长窗等木构件,分别雕有鱼、兔、松鼠、蜻蜓、蚱蜢、扁豆、葫芦、葡萄、瓜藤等图案,雕工粗犷有力,立体感强,颇具太平天国艺术特色。1982年3月25日,江苏省人民政府公布为第三批省级文物保护单位。陈坤书,广西桂平县人,早年参加"金田起义",1862年封为护王,并建王府。1864年5月11日清军攻陷常州,护王陈坤书率残部将士退守护王府,筑垒抗击,在肉搏战中力竭受伤后被俘,不屈而死(图2-112)。

图 2-112　护王府遗址

武进医院病房大楼旧址　位于天宁区局前街 185 号、市第一人民医院内。原为教会医院门诊大楼，始建于 1933 年。现存楼屋一进，坐北朝南，呈"凹"字形，面阔五间，中间四层，两旁为东西厢楼上下三层。南部门楼正中嵌有著名书法家唐驼所书"武进医院"院牌，西厢楼东南墙角嵌有 1933 年大楼奠基碑铭，刻有"STEPHENSON/MEMORIAL/HOSPITAL/1933/FOUNDED-1918-BY/M.E.CHURCH,SOUTH"字样。整幢建筑中西合璧，是常州最早的现代医院建筑遗存，也是当时武进县城内最高、最现代的建筑之一，式样参照苏州博习医院病房大楼。1942 年 8 月，被日军占领改为"二十七师团第四野战医院"。1945 年抗战胜利后，武进医院迁回原址。2011 年 12 月 19 日，江苏省人民政府公布为第七批省级文物保护单位（图 2-113）。

庄存与故居　位于天宁区马山埠 34 号、市第一人民医院内。故居本名"宝砚堂"，旧有水码头、照壁、戟门及启裕堂、薇晖堂等一百余间，占地十四亩，庄存与兄弟均出生在此。始建于明万历年间（1573—1620 年），清康熙年间（1662—1735 年）经其父庄柱扩建，乾隆年间（1736—1795 年）庄存与又增建。

图 2-113　武进医院病房大楼旧址

图 2-114　庄存与故居

毗陵庄氏家族"代有才人出"，仅科第之盛，即世所罕见。乾隆十年（1745 年）
庄存与中榜眼；乾隆十九年（1754 年）其弟庄培因高中状元，乃称"状元第"。
乾隆五十二年（1787 年）庄存与从京师归故里，次年就病逝于此。现存西厢
房六间，膳屋、从屋各三间，西首花篮厅五间以及庭院等建筑。1987 年 12 月，
常州市人民政府公布为第二批市级文物保护单位（图 2-114）。

　　洪亮吉故居　位于天宁区东狮子巷 22 号，现存房屋三进，辟为洪亮吉
纪念馆。洪亮吉（1746—1809），字君直、稚存，号北江，常州人，乾隆
五十五年（1790 年）殿试榜眼，历任翰林院编修、国史馆纂修官等职，入直
上书房。清代著名经学家、文学家、诗人、舆地方志与人口论学者、书法家，
"毗陵七子"之一。曾主讲旌德洋川书院、扬州梅花书院，著《春秋左传诂》
《洪北江全集》等，编《宁国府志》《泾县志》等。嘉庆四年（1799 年）洪
亮吉因上书直言弊政而激怒嘉庆皇帝，被遣戍新疆伊犁，百日后赦归故里，
自号"更生居士"，书斋为"更生斋"。1987 年 12 月 26 日，常州市人民政
府公布为第二批市级文物保护单位（图 2-115）。

图 2-115　洪亮吉故居

　　游击府大殿　位于天宁区罗汉路 9 号、市第二十四中校园内南首，南邻洪亮吉纪念馆，为清康熙年间（1662—1735 年）游击府署的大殿。大殿坐北朝南，单檐歇山顶，占地约 230 平方米，面阔五间且有廊。康熙十一年（1672年）四月，常州添设游击将军，负责统兵专征，官阶是从三品，高于从四品的常州知府。分守武进、无锡、宜兴三县，管辖左中右三营，左营为无锡、中营为武进、右营为宜兴。游击营署位于城东门左厢里的狮子巷，房屋三十余间，游击军负责各县的防守和治安。游击府废弃后，1929 年创办为私立武进初级中学。2008 年 2 月 26 日，游击府大殿由常州市人民政府公布为市级文物保护单位（图 2-116）。

　　临清会馆　位于天宁区青山路 156 号，又名临江会馆、临清木业公所。临清即临江府清江县，为今宜春市下辖樟树市，地处袁、赣两江汇流之地。临清木帮为江西三大木帮之一，为常州木业提供了大量货源。清光绪二十六年（1900 年）在北门外中街建会馆，民国十年（1921 年）在会馆对面建有新的临清木业公所，提供本帮木号驻常文员的办公、膳食及家眷临时住宿，负责人为黄蔼堂，后由胡礼贤经管。临清会馆现存建筑为 1921 年所建临清木业公所，占地面积 1200 平方米，建筑面积 898 平方米。主要由 3 栋二层楼组成，第一、二进为回字楼，天井上方有气窗，第二进保留有彩色玻璃窗，东南角有辅房。临街朝西有石库门，写有"临清木业公所"砖刻。19 世纪至 20 世纪前期，在漕运时代结束之后，常州运河经济以豆、木、钱、典为四大支柱，其中以木业最盛，居四业之冠，在江南地区有着重要的影响力。临清会馆作为常州现存唯一木业会馆建筑，具有重要的历史价值。2007 年 5 月至 2008 年 1 月进行整体修缮。2011 年 12 月 19 日，江苏省人民政府公布为第七批省级文物保护单位（图 2-117）。

常州第二无线电厂旧址　位于常州钟楼区清潭路 93 号江苏国光信息产业股份有限公司老厂区，其历史可以追溯到 1937 年成立的常州协进浆纱厂，20 世纪六七十年代变更为常州金属网厂、常州第二无线电厂，是共和国信息

图 2-116　游击府大殿

图 2-117　临清会馆

产业之父王净将军亲自规划布点的一个电子工业基地，也是常州市唯一电子工业遗存建成区。创造了六项"中国第一"：中国第一台数字电报终端机、第一台中西文汉字终端、第一代国产计算机、第一台国产调制解调器、中国第一套屏蔽设备、第一张国产铜网。这些产品代表了当时我国电子工业的最高水平，曾为我国第一颗原子弹爆炸成功和第一颗人造卫星上天做出了重大贡献，对研究我国早期电子工业事业的发展，具有重要的历史和科学价值（图2-118）。

以上梳理的古城及周边文物资源包含了古典园林、名人故居、工业遗存、红色遗产等多个类型，具有一定的代表性。除此之外古城区域较为重要的还有崇法寺、浩然亭、落星亭、蒋氏贞节坊以及局前街明式楠木厅、孙慎行、孙星衍故居、长沟别墅、屠揆先宅、蔡旭故居、松筠小筑等，共同彰显着常州这座运河名城的独特魅力（图2-119—2-127）。

图 2-118　常州第二无线电厂旧址

图 2-119　崇法寺

图 2-120　浩然亭

图 2-121　落星亭

图 2-122
蒋氏贞节坊

图 2-123　局前
街明式楠木厅

图 2-124　孙慎
行、孙星衍故居

图 2-125　长沟别墅

图 2-126　屠揆先宅

图 2-127　松筠小筑

（三）郊野东段

东段以工业遗产为特色，根据文物分布情况分为白家桥段、戚墅堰段。从主城区向东依次有大成二厂、三厂、大明厂、戚机厂、福源米厂等工业遗产以及白氏宗祠、恽氏宗祠等祠堂群，至戚墅堰东街保留一批民居建筑以及万安桥等桥梁。据史料记载，宋元祐六年（1091 年）治芙蓉湖，开堰置闸，后有戚姓在此繁衍，"戚墅"两字由此而来。沿大运河逐渐形成街市，运河上帆樯如林。戚墅堰老街远近闻名，整条街全长约有 600 米。老街有桥名万安桥，取万民安乐之意。万安桥下跨三山港，往北与东西向的北塘河相交，流经中国历史文化名村、中国传统村落焦溪，北达长江。郊野东段文物主要有省级文物保护单位圩墩遗址、戚机厂旧址、大成三厂旧址，市级文物保护单位大明厂民国建筑群、"大成二厂竞园、老厂房"、万安桥、晋陵白氏宗祠遗址、福源米厂旧址。戚墅堰老街往东有余巷老街，包括有市级文物保护单位冯仲云故居、碧云庵、余巷薛氏宗祠、余巷冯氏宗祠及一般不可移动文物冯元桢宅等（图 2-128）。

大成三厂旧址   位于天宁区采菱路 78 号，是我市目前保存体量最大、最为完整的纺织工业建筑群，为刘国钧实业主体之一。建筑群集中建造于 1937—1946 年间，主要由老厂门、三方厅、空置仓库、医务室、原卫生所、仓库、门楼、滤尘塔等建筑组成，占地面积约 6000 平方米，建筑基本完好。2011 年 12 月 19 日，公布为省级文物保护单位（图 2-129）。

大成二厂竞园、老厂房   位于天宁区延陵东路 65 号。竞园始建于 1940 年，曾为当年刘国钧及家人居所，园内亭台楼阁，小桥流水。老厂房位于竞园东北侧，二层，气势宏大。2008 年 2 月 26 日常州市人民政府公布为市级文物保护单位（图 2-130）。

晋陵白氏宗祠遗址   位于天宁区茶山街道采菱村。白氏宗祠原为明朝刑部尚书白昂专祠。白昂当年为朝廷剿匪平寇，治水功绩显赫，弘治皇帝为表彰其功绩而特建的祠堂，并敕授太子太傅，亲笔御书"宏裕明达"匾高悬于

图 2-128   郊野东段全貌

图 2-129　大成三厂旧址

图 2-130　大成二厂竞园、老厂房（民国建筑）

祠堂中央。2007 年常州白氏在原址上改建了晋陵白氏宗祠。现白氏宗祠坐西朝东，存两进。2008 年 2 月 26 日常州市人民政府公布为市级文物保护单位（图 2-131）。

大明厂民国建筑群　位于常州经开区延陵东路 388 号常州天虹纺织有限公司内，南临大运河，是中国现代杰出实业家、著名爱国民族工商业者刘国钧家族在常州的纺织工业遗存。现存有老厂房、水塔、实验室、会议室、疗养院等建筑。2008 年 2 月 26 日，大明厂民国建筑群由常州市人民政府公布为市级文物保护单位（图 2-132、2-133）。

戚机厂旧址　位于常州经开区延陵东路 358 号，原名吴淞机厂，清光绪三十一年（1905 年）创建于上海，民国二十六年（1937 年）迁至今址。解放前，工厂经历了清朝、北洋军阀、国民党三个统治阶段。现存有日本帝国主义统治时期建造的办公楼，和式建筑风格，二层红砖楼，墙壁厚实，冬暖夏凉，二楼底部设置五个枪眼用于防御。总成车间一座，起层较高，屋顶呈锯齿形；1953 年建造的老办公楼，二层青砖楼，中间屋顶微突，刻有 1953 建造年代

图 2-131　晋陵白氏宗祠遗址

图 2-132　大明厂民国建筑群

图 2-133　大明厂民国建筑群

字样。另存有老式机器数台。2011 年 12 月 19 日，省人民政府公布为第七批省级文物保护单位（图 2-134、2-135）。

圩墩遗址　位于常州经开区大运河南侧的圩墩村一带，是太湖流域西部一处新石器时代遗址，也是常州运河沿线地区迄今为止发现最早、最具代表性的先民定居点之一，主要为马家浜文化和崧泽文化，距今约有 5000 年至 6000 年的历史。该遗址出土了釜、豆、罐、盆、钵和炉条形火架等陶器，凿、刀等石器，石丸、石球、石镞、纺轮和竹、木、骨制品等数百件，并有保存完好的木针、纺织物、绳子等遗物，还发现许多碳化米粒和完好的木桨两柄、木橹一支。1982 年 3 月公布为省级文物保护单位（图 2-136）。

万安桥　位于常州经开区戚墅堰东街，跨老三山港，在京杭大运河北岸，是一座单孔石拱桥。万安桥是街东和街西的重要连接，桥西的东街自明朝以来就是戚墅堰重要的街道之一。万安桥东西走向，始建年代失考，自六朝来已有之，明成化十四年（1478 年）常州同知吴桓修建，取名戚墅堰桥，又名万安桥，取万民安乐之意。明弘治八年（1495 年）及清同治十三年

图 2-134　戚机厂旧址

图 2-135　戚机厂旧址

图 2-136　圩墩遗址公园

图 2-137　万安桥

（1874年）重修。民国二十六年（1937年），万安桥遭日机轰炸，桥西北部被炸去一大片。抗战胜利后，由地方人士集资修缮，1954年经大修后恢复原样。万安单孔拱形花岗石结构，间有青石，纵联分节并列式，桥呈东西向，桥长37.9米，宽4.15米。2008年2月26日，常州市人民政府公布为第四批常州市文物保护单位。2012—2013年间整体修缮（图2-137）。

附明南京吏部尚书王傲《戚墅堰桥闸记》：

戚墅桥在晋陵城东一舍许，运河北偏，河之南为戚墅堰，因以名桥。夫穿河以通漕舟，疏港以泄河水，自六朝来已有之，则桥之建以通济利涉，其所由来亦远矣。国朝正统庚申，先季父守勉府君尝集众力修葺之，阅四十年，今复就圮。成化戊戌秋八月，予待次东归，通守四明吴公桓访予山中，舟经其下而危之，曰："此东南驿道也，废而弗治可乎？"乃即日下令谋作新桥，盖旧惟垒石为址，架木为梁，岁久木蠹，桥遂不支。至是求良工、伐坚石而鼎建焉。下为圜空，上加扶阑，其修广皆如其旧而高过之。附桥之内增建石闸，盖每岁夏秋，河水暴涨，则闭闸障水，使东注震泽，以趋於海，而港之两涯下田可免垫溺。此吴公所为深计远虑以贻吾民，又不止作桥以便行者而已也。

图 2-138　福源米厂旧址

福源米厂旧址　位于常州经开区丁堰街道梅港村委河东街，与市级文物保护单位万安桥隔大运河相望。房屋应建于民国初年，曾为武进第八米厂。现存建筑体量较大，具有鲜明的时代风格和行业特色。2019 年 11 月 8 日，常州市人民政府公布为第八批市级文物保护单位（图 2-138）。

冯仲云故居　位于余巷村薛家前 16 号，为我国东北抗日联军著名将领冯仲云出生地。冯仲云故居建造于清光绪三十年（1904 年）左右，原有房屋三进，各有三间，均为硬山式砖木结构。现第二进、第三进已经改建，屋后有一园，曾栽种花木，其东侧另有两间平房（原为厨房和猪舍）。目前已建冯仲云纪念室，成为学生和当地民众了解东北抗联斗争史的场所。2008 年 2 月，常州市人民政府公布为市级文物保护单位（图 2-139、2-140）。

碧云庵　位于余巷村，始建年代不详，据清道光《武进阳湖合志》卷十四《坛庙志二》载："碧云禅院在余巷，乾隆二十年，寺僧乐山于京师贤良祠请得佛十八尊，供奉正殿。" 碧云庵坐北朝南，现有房屋两进。第一进三开间保留清代风格，屋架梁柱粗硕，清代月梁雕花精美，第一进的北面墙

图 2-139　余巷老街

图 2-140　冯仲云故居

上有《重修碧云庵记》，刻写于道光九年（1829 年）。第二进为六开间平房，分东楹和西楹各三间，东楹为送子观音殿，观音左右站着善财童子，佛像彩塑精美，西楹为文天祥、尹玉、麻士龙和薛方山合祠。因余巷就在运河不远处，且有水路相通，相传乾隆下江南时曾到碧云庵游玩，并称赞"此地真是仙露明珠"，于是常州知府请人书匾赠予碧云庵。2011 年 1 月 5 日，常州市人民政府公布为第五批市级文物保护单位（图 2-141）。

余巷薛氏宗祠　又名五牧余巷薛氏宗祠，号三凤堂，位于余巷薛家前 20 号。宗祠始建于明末清初，由明朝著名学者薛应旂（字方山）的子孙在薛竹泉故居建方山公宗祠，祠堂有三开间三进。2010 年续修《五牧余巷薛氏宗谱》时修复。薛氏一族名人辈出，如薛应旂为明代学者、藏书家，《明史》记载：薛应旂"工诗文，与王鏊、唐顺之齐名"，2011 年 1 月 5 日，常州市人民政府公布为第五批市级文物保护单位（图 2-142）。

余巷冯氏宗祠　位于余巷东街 27 号。冯氏宗祠坐北朝南，为三进三开间的古建筑群，是常州地区保持清代原风貌较好的祠堂之一。武进余巷冯氏是常州望族，自古以来就有"五牧儒林雅望"之称。余巷冯氏始迁祖冯范尼有郡东宿学老儒之称，有"南山先生"之名，朝廷举"贤良方正"，并赐三品章服。在近百年来，余巷更是名人辈出，其中最著名的有东北抗联名将冯仲云；中共中央委员、中央对外联络部副部长冯铉；美国生物动力学之父，"五院院士"冯元桢。2008 年 2 月 26 日，常州市人民政府公布为第四批市级文物保护单位（图 2-143）。

冯元桢宅　位于余巷村西街 19 号，坐北朝南，存三进，清代硬山式砖木结构。2012 年公布为常州市一般不可移动文物。冯元桢（1919—2019），出生于常州（原武进县）横林镇余巷，父亲冯重光是当地知名的画家，冯元桢家姊妹兄弟七人，他排行老二。他在生物力学、航空工程、连续介质力学等领域有重要成就，被称为世界"生物力学之父"（图 2-144）。

图 2-141　碧云庵

图 2-142　余巷薛氏宗祠

图 2-143　余巷冯氏宗祠

图 2-144　冯元祯宅

（四）综述：世界遗产视野下的常州运河遗产

中国大运河是世界文化遗产，是古代劳动人民在中国东部平原上创造的一项伟大的水利工程，是世界上最长的运河，也是世界上开凿最早、规模最大的运河。大运河由隋唐大运河（卫河、通济河段）、京杭大运河（通惠河、北运河、南运河、会通河、中河、淮扬运河、江南运河段）、浙东运河共三大部分、十段河道组成，全长 3200 公里（含遗产河道 1011 公里），跨越十多个纬度，纵贯海河、黄河、淮河、长江、钱塘江五大水系，是中国古代南北交通的大动脉。常州大运河是江南运河的重要组成部分，也是江南运河中唯一连江通湖的河段，是江南运河穿越南方城区的典型代表。2014 年 6 月 22 日在卡塔尔首都多哈召开的第 38 届世界遗产委员会会议，中国大运河成功列入《世界遗产名录》，常州有幸拥有了第一个世界遗产（图 2-145）。

　　在中国大运河成功申遗之前，法国米迪运河、比利时中央运河的四条吊桥、加拿大里多运河、英国庞特基西斯特水道桥与运河、荷兰阿姆斯特丹运河等已经成为世界遗产；除了运河遗产之外，世界遗产中还有部分河道遗产，如莱茵河、塞纳河等。世界各国在运河或河道保护管理方面已经积累了一定的经验且经过了实践检验。遗产本体是世界遗产保护工作的核心，因而备受各国珍视。遗产本体的保护范围也经历了一个由单体保护逐步延展至整体保护的过程。1996 年列入世界遗产的法国米迪运河，开凿于 1667 到 1694 年间，总长 360 公里，为工业革命开辟了一条航线。申报世界遗产时，遗产本体仅为运河主干道、引水渠、水工设施以及管理人员的房屋和仓库等。实际上，米迪运河沿岸拥有众多中世纪小镇、历史街区、教堂、城堡等，但并没有与运河遗产体系进行合并。另外，1998 年比利时拉卢维耶尔和鲁尔克斯中央运河上的 4 个船闸及周边附属被单独列为世界遗产，从中可以看出水利价值是这个阶段运河遗产的关注重点。经过十年的运河遗产保护理念的发展，人们

图 2-145　世界遗产标识

已经意识到了运河直接影响了沿岸区域的发展，沿线相关遗产也具有保护价值。2007 年列入世界遗产的加拿大里多运河竣工于 1832 年，长 202 公里，是美洲大陆北部争夺控制权的见证。加拿大政府除了保护主河道和水工设施之外，还把 4 座防御堡垒以及考古资源、文化景观等都纳入了保护范围，建立了一个巨型尺度的遗产保护体系。2009 年被列入世界遗产的庞特基西斯特水道桥与运河，建于 1975—1808 年，全长 18 公里，曾为英国产业革命作出巨大贡献。运河本体除了传统的水利设施、城堡等遗产要素之外，核心区和遗产区各有三处关联环境也列为保护对象，更是把视线所及的整个峡谷都划入缓冲区。2010 年列入世界遗产的阿姆斯特丹运河，建于 17 世纪初，三条环城运河形成了独特的城市格局。其遗产本体包括了绅士运河内侧一个街区，绅士运河、皇帝运河、王子运河外侧一个街区，并包含运河之间的街道和建筑，形成了"三河四街"的阿姆斯特丹古城保护体系。在功能方面，运河遗产中大多已经不具备在开凿初期的军事、货运等功能，但被赋予了景观、生态、休闲旅游等多种城市功能，为旧城区重新带来活力。

对照世界其他运河的发展历程和现状成果，中国大运河遗产保护有着自身文化优势，但遗产规模之大、类型之复杂、文化之深厚也使得保护传承压力倍增。近年来，习近平总书记关于"保护好、传承好、利用好"的重要指示精神，为大运河文化带建设和运河城市发展提供了遵从依据和重要契机。在《大运河文化保护传承利用规划纲要（2019）》中明确，大运河文化带建设将有助于传统优秀文化保护传承，促进区域创新融合协调发展、深化国内外文化交流和合作、展示中华文明、增强文化自信。而大运河文化带建设首先要强化文化遗产保护传承，其中最为核心的就是保护好在申遗过程中最为重视的遗产突出普遍价值。

突出普遍价值，即 Outstanding universal value（OUV），是世界遗产价值表述中的常见术语和核心内容。在大运河突出普遍价值声明中写道："大运河是纵贯中国东北和中东部平原的巨型内陆水道系统，流经中国 8 个省、直辖市。北起首都北京，南至浙江省。大运河自公元前 5 世纪以来持续建造，到公元 7 世纪（隋朝）首次成为帝国统一的水路交通系统。这之后一系列巨大的工程，创造了工业革命之前世界上规模最大、范围最广的土木工程项目。大运河历经多个朝代修建和维护，是帝国内陆交通体系的主干道。长期以来在漕运体系的管理下，大运河是帝王运输粮食及战略性原材料物资、征收赋税和控制交通的专用通道。大运河体系供应了百姓生存所需的粮食物资，实现了对领土的统一管辖和军队的运输。13世纪（元朝）大运河发展达到顶峰，形成了包含2000多公里人工河道的统一内陆航运网络，将黄河、长江等中国境内五大最重要的江河流域连接了起来。大运河直到今天仍是重要的内陆交通运输方式，自古至今在保障中国经济繁荣和社会稳定方面发挥了重要作用。"

对于常州运河来说，作为江南运河常州城区段是大运河27段遗产河道之一，有着自身的核心普遍价值。常州段是江南运河的起兴段落，上通京口，下行姑苏，是重要的交通枢纽，有"贡赋必由之路"之称，发挥着漕粮北运、维系国家稳定繁荣等重要功能。常州奔牛闸、石龙嘴、文成坝等诸多著名水工设施永载水利史册。南宋诗人陆游看了奔牛水利工程盛况，撰写《奔牛闸记》。明清两代常州毗陵驿在全盛时期拥有驿马46匹，战船15只，水手马夫152名，曾经是仅次于金陵驿的江南大驿。《红楼梦》中贾宝玉与贾政最后一别的场景便是在毗陵驿，可见毗陵驿的知名度。依托运河之便利，人口逐步聚集，常州城因河而生，因河而兴，城市发展催促着运河不断向南迁移，每一次改道又都带动了运河沿岸新的发展，促进了城市的扩展。老城厢以运河为轴线，呈现出"水陆并行，长街沿河，短巷向水"的街巷肌理，形成四城相套、城河相叠的独特形制。正所谓"一带串一城，众河育群星"。运河见证了常州从史前时期逐步发展至现代文明的发展轨迹，是常州城市记忆的载体。虽然城区段运河在航运功能方面已经弱化，但是仍然发挥着防洪、排涝、灌溉、景观等诸多功能。上游来水经常州运河水系蓄纳吐泄，出长江、入太湖，农田得以灌溉，黎民得以生息。此外，它还有助于缓解城市的热岛效应，有利于保护生物多样性，是城市绿地系统的重要组成部分，为城市居民提供了更好的生活、休憩环境（图2-146、2-147）。

常州所在的江南运河河段，北起扬州，南至浙江杭州，联结镇常锡苏等地主城区，从古至今都是最繁忙的航道，是条真正的活态运河。自19世纪末漕运改由海运，加之铁路等现代交通方式的出现及主航道外迁等诸多原因，城区段运河的航运功能逐步弱化，但这并不代表运河遗产的价值弱化。自从习总书记提出建设中国大运河文化带建设的宏大设想以来，大运河文化带建

图 2-146   明城墙段

图 2-147   运河五号段

设就掀起了前所未有的热潮。大运河文化带的战略决策，是与一带一路、长江经济带、京津冀一体化等相提并论的国家发展战略。中国大运河沟通了陆上丝绸之路和海上丝绸之路，沟通了沿线 35 座城市，联结了 4 亿多人口，实现了中国经济总量的三分之一。可以说运河是与一带一路、长江经济带、京津冀一体化三大国家战略纵横南北的连接线。

在保护中发展，在发展中保护，这样的活态保护理念已经成为大运河遗产保护的基本共识。在运河遗产保护过程中，尤其要注意对遗产真实性和完整性的保护。根据实施《世界遗产公约》操作指南，所谓真实性，主要包括遗产"外形和设计、材料和实质、用途和功能、传统，技术和管理体系、位置和环境、语言和其它形式的非物质遗产、精神和感觉以及其它内外因素。"所谓完整性包括"其物理构造和或重要特征都必须保存完好，且侵劣化过程的影响得到控制。能表现遗产全部价值的绝大部分必要因素也要包括在内。文化景观、历史村镇或其它活遗产中体现其显著特征的种种关系和动态功能也应予保存。"因此进行大运河文化带建设必须立足于保护遗产真实性和完整性，首先要开展运河沿线的管控，避免建设性的破坏。应当重视本地河段的文化挖掘和传承，增加文化自信，避免盲目仿效其他运河城市。如何总结城市的深刻内涵、凸显城市的个性特色、适宜城市的独特线路，就是全线大运河文化带建设的核心命题。

第三章　常州运河遗产的保护与
活化利用——以工业遗产为例

（一）　常州近现代工业发展概况

常州是一座因运河而生的江南城市，也是一座因运河而兴的工业城市，地处长江三角洲的太湖平原，平均海拔高低变化很小，"全邑无山岗之险"。常州人曾如此描绘自己的家乡："渡江则靖江、泰兴各县，江北鱼盐之利可收。渡湖杭州湖州各埠，吴越本属一家。西北至金坛，西南至溧阳，东北至江阴，南以武进为门户"，是"江南江北工商业之重心"。实际上，常州是非条约口岸城市，在近代所受的外来催化力，远不如上海、广州，也迟于苏州、无锡，而这里又"矿脉甚少"，无煤无铁，很难发展起重工业。然而这里却走出了一条不同于条约口岸城市的工业化道路，成了中国近代民族工业发祥地之一，并成为一座享誉国内外的工业明星城市。

1. 两次"变商为工"的浪潮

明清时期，常州工商业的发展，不是基于本地农业的商业化和手工业的专业化，而是依靠运河的功能，依靠本地区作为转运中心的功能，形成了传统上常州"豆、木、钱、典"四大商业。20世纪初，商业与本地部分传统手工业相结合，催生了常州走上了近代工业化的道路，具体表现为两次"变商为工"。

20世纪第二个十年，常州出现了第一次"变商为工"的浪潮。

首先是米行变米厂，使得粮油加工和一些相关的工厂在常州得以发展起来。1911年，西门徐永昌米号资方徐顺昌和吴葵秋、奚九如合作，在西门日晖桥开办机械碾米厂，用柴油引擎作动力，进行铁机碾米。后来，由修理引擎、自己制造引擎而派生出常州第一家机械制造厂——厚生制造机械厂，此为常州近代机器制造业的开端。

其次，在纺织业上是布商办布厂。1906年，常州出现第一个雇工生产的资本主义工场手工业——晋裕布厂，有手拉机百余台，创办人是吴幼儒。织出来的布叫条布，不同于手工作坊的土布。据不完全统计，这个时期常州布商办布厂约有 16 家，其中包括后来成为常州纺织业翘楚的刘国钧，也于1916 年创办了广丰布厂，还与蒋盘发一起投资了大纶机器织布厂（表 3-1）。

表 3-1　第一次"变商为工"浪潮中创办的纱布厂

厂名	办厂年代	厂主及其原来身份
晋裕	1906	吴有儒（秀才）胡瑞麟（布商）胡郎甫*
裕纶	1911	蒋盘发（布商）赵锦清（布商）
大纶布厂	1916	股东皆裕纶旧人
振余布厂	1916	赵锦清（布商）
公信布厂	1916	徐炜清（布商）
广丰布厂	1916	刘国钧（布商）
恒丰染织厂	1918	徐吟甫*
利源染织厂	1923	蒋锡正*诸文*
大文布厂	1924	布庄资本
意诚布厂	20 年代	徐正庠（布庄商）
益勤染织厂	1924	钱授昌*钱授祺*
协源染织厂	1926	蒋盘发（布商出身，原大纶厂主）
常州纱厂	1919	钱以振（绅商）卢锦堂（钱商）于定一（绅商）荣德生（申新负责人）江上达（江万聚槽坊后人）
大纶纱厂	1920	大纶布厂原股东
通成纱厂	1922	吴县张云搏、杨翼之资本
福大纱厂	1921	（遇火夭折）

（本表采自于万灵《常州的近代化道路——江南非条约口岸城市近代化的个案研究》，带星号的姓名有多种同音字写法）

对这些布厂稍作分析我们就可以发现，20 年代左右布商们首先创办了布厂，后来逐渐有了染织厂和纱厂，形成了较为完整的纺织业生产规模，使得纺织业逐步开始居于地区工业的"龙头"地位。而这些商人（多数是中小商人）也逐渐转化为民族资本家，从而奠定了民族资本家自主经营成为常州地区资本主义的经营方式和主体的格局，也决定了常州的民族资本对外国资本的依附性是比较小的。

第二次"变商为工"发生于 1927—1937 年。

1927 年军阀混战结束，北伐战争的胜利和苏浙局势渐趋稳定，为当地的经济发展提供了必要的保证，出现了以纺织工业为热点的投资浪潮，使常州地区的工业化进程呈现出前所未有的兴旺局面。伴随着国内市场的复苏，在棉纺织业一些老厂经营成功的带动下，传统的土纱布业、金融业的一些殷实大户相继投资于染织工业，原有的纺织染厂也努力扩大经营规模，新办的厂家和织布机数目激增。此时，众多的商业资本向工业资本转移，他们"舍放账交易之商业为开机生产之工业"，"乡间织布的农妇，亦已多数入厂为女工。"（表 3-2）。

表 3-2 第二次变商为工浪潮中的纺织染厂

厂名	业主名	身份
裕民染织公司	唐宝庵	德昌厚色布号
	朱身琳	永昌棉布号
	查覃初	震新酱油号
协盛染织厂	林锦泰	谦盛裕棉布号
	钱润霖	
志盛恒染织厂	姚利生	恒和泰棉布号
	蒋生	
民华染织厂	王有林	源大色布号
	蒋尉仙	富绅
利达染织厂	诸悦嘉	同德祥色布号
民康染织厂	何锦	庆昌裕棉布号
	谢红修	
正丰染织厂	赵锦清	赵恒大色布号
	赵志海	
同新染织厂	谢钟豪	同德钱庄
	谢澄昌	

续表

厂名	业主名	身份
恒源畅染织厂	毛锡章	布号老板、润源色布号
义利染织厂	唐绪淦	钱庄老板
久成染织厂	章百熙	纱业老板
	徐祖源	
利源染织厂	诸永生	泰记恒酱园
永成染织厂	蒋鉴林	白启元色布号
大东染织厂	查秉初	永昌棉布号

（本表采自于万灵《常州的近代化道路—江南非条约口岸城市近代化的个案研究》）

在此期间，国民政府 1936—1937 年将位于上海黄浦江畔的吴淞机厂搬迁至戚墅堰，成为常州"国字头"机械制造的肇始。

2. 纺织染一枝独秀

在两次"变商为工"的浪潮中，常州商业资本向工业资本转移，主要集中在纺织业上，使得纺织染工业一枝独秀，成为常州走上近代化的主要标志。1932 年，常武棉纺、棉织、毛巾、面粉、碾米、榨油、机器制造、冶坊 8 个主要工业部门的资本总额为 500 余万元，其中纱厂、棉织厂资本 400 余万元，占总额的 80%。在这个过程中，大成纺织染股份有限公司和民丰纱厂这样的核心厂的形成也促进了纺织业中心地位的确立。

说起大成纺织染有限公司的成立还有一段惊心动魄的商海故事。该公司的前身最早可追溯到 1916 年蒋盘发、刘国钧等创办的"大纶机器织布厂"。1920 年，蒋盘发在"大纶机器织布厂"基础上，在南门外德安桥附近又创办了"大纶纱厂"，由于经营不善，于 1924 年被迫停产清理。1926 年由银团接办，改名"大纶久记"，又因管理不善，濒临破产。1929 年作为"大纶久记"纺织股份有限公司常务董事的顾吉生，对企业已经丧失经营的信心。一天，顾吉生和刘国钧同车赴上海，交流中顾吉生表示自己已无意再继续经营"大纶久记"，如果有人愿意接盘，他愿意出让。说者无心，听者有意，刘国钧当即追问："是真的还是说说的？"顾吉生回答说："当然是真的。"刘国钧对经营这个厂很有信心，决心接盘下来。很快他们便拟定草议，商定以 50 万元的价格转让，刘国钧还支付了 5 万元定金。就在刘国钧到处说服人们努力招股时，无锡的唐星海听到"大纶久记"要出盘，很有意接盘，想借此控制常、锡两地纱厂，唐星海趁刘国钧招股有困难，愿以10万元代价购买刘国钧手中的草议。刘国钧一心要办纱厂，不愿平白赚5万元就放弃接盘"大纶久记"，顾吉生也表示："大纶原是常州人的，得之于常州，还之于常州。与其结交唐星海，不如结交刘国钧。"刘国钧多方奔走只招到5万元，自己认股15万元，此时"大纶久记"纺织股份有限公司的部分上海股东对出盘已有悔意，如果刘国钧招股不达50万元，很可能不能顺利接盘"大纶久记"，刘国钧夜以继日，到处游说，终于说服"大纶久记"纺织股份有限公司的原常州股东顾吉生、刘叔装、吴镜渊等投资20万元，又获得常州钱业人士刘喜性、屠咏堂等的支持，终于在限定的期限内凑足了50万元，成功接盘。并于1929年底签订正式协议，1930年初更名为大成纺织染公司，由吴镜渊任董事长，刘国钧任经理，分工负责厂内生产，当年获利10万元，第二年又获利50万元，刘国钧在股东中信誉大增。1932年大成公司增加纱锭15000枚，刘国钧又将自己的广益布厂并入大成，增添印染设备，成立大成纺织染有限公司。原"大纶久记"处改为大成一厂，专事纺织；广益布厂处改为大成二厂，专事印染。公司还筹建了大成三厂来增加公司的纺织力量，大成因此而成为纺织印染配套的"一条龙"联合企业。从1930年至1937年8月，大成公司无论是设备还是资金，均增加了8倍，被著名经济学家马寅初称为工业中"罕见的奇迹"。

民丰纱厂的前身是"申新六厂"租用的常州纱厂，1931年4月收回厂产，改组为民丰。当年9月开工，供应常州纺织厂，获利颇丰。但第二年因棉贵纱贱，资金周转出现困难，由苏纶纱厂严庆祥与其亲戚李耀章等对民丰增资10万元，添置机器新建织布厂房。1936年又新建染布厂房，最终也形成了纺织染配套的综合性企业。

至抗战前，常州除大成、民丰这两个纺织业核心企业外，还有染织厂40余家，开动布机6300余台，日产棉布2万匹，纱锭6万枚。此时，常州的纺织工业超越了其他产业，成为地区经济结构的中心。

3. 工业明星城市

一座城市的工业遗产记录着这个城市社会经济、产业水平和工业技术方面的变革，具有明显的区域特征和历史传承。常州近代民族工商业在清末民初就蓬勃发展，经历两次"变商为工"浪潮，走出了一条有别于其他城市的常州道路，纺织、机械、食品、电力等行业也具有相当的规模，并很快摆脱手工作坊的束缚，走上动力机械化和工厂化的道路。但是常州的近代工业的发展带有明显的先天不足，最突出的弱点就是工业部门不健全，粮油加工、棉纺织业占主体，还有小型机械制造。到新中国成立前，常州的工业家底依然不够丰厚。除戚墅堰机车修理厂和发电厂比较正规外，勉强能称为"工厂"的大多是纺织企业。当时有纺织厂135家，职工1.04万人。织布厂规模最大的有500多人、300台织布机，其他均为小厂。机械工业只能为纺织工厂搞些修配，唯一能生产机器的是厚生制造机器厂，每年仅可生产几台低速动力机。

新中国成立后，在三年恢复期和第一个五年计划中，常州通过撤、并、转完成了对民族资本工业和手工业的社会主义改造，整个工业生产得到了一定的发展。此后又发展了冶金、机械、化学、电子、建材等新的工业部门，原来的轻纺工业也跳出了老路子，在原有的基础上又发展了丝绸、毛纺、纺织机械、轻工机械等。1962年，将纺纱、织布、割绒、印染等八个厂，一百多道工序连接成一个整体，建立了固定的协作关系，组织了灯芯绒"一条龙"，产量不断翻番，质量赶超世界先进水平，花色品种多达1000多种，成为远销世界各地的名牌产品。到1975年年底，常州已形成了能够生产拖拉机、灯芯绒、咔叽、花布、化纤、玻璃钢、半导体、塑料、自行车、照相机、工矿电机车等的十六条"龙"专业协作生产线，形成了比较完整的工业产业体系，一跃成为全国工业明星城市，成为全国中小城市经济发展的"样板"。

20世纪80年代，常州大力发展地方工业企业、街道企业、乡镇企业，涌现一大批全国知名的乡镇企业，取得了骄人的经济业绩，被称为"苏南模式"，常州又成为一个充满朝气与活力的新兴工业明星城市。与全国69个同类城市相比，常州在就业安置率、劳动生产率、人均产值、财政收入等方面均稳居第一。其间，共有114个产品荣获部、省优质奖、百花奖。

如今，常州提出了建设"五大明星城市"的高质量发展目标，在工业方面提出打造"工业4.0先锋"，要提升制造业的智能化水平，建立智慧工厂，充分发挥网络实体系统及物联网技术，打造高质量发展的新时代"工业智造明星城"。

（二）常州运河沿岸工业遗产分布

1. 工业遗产的界定

工业遗产的研究起源于英国 20 世纪 50 年代出现的"工业考古学"，本意是保存各国工业革命时期的机械与纪念物，后来逐渐扩展到对"工业历史地段"（Industrial Heritage Site）的保护。60 年代后，西方主要工业发达国家纷纷成立工业考古组织，研究和保护工业遗产。国际性工业遗产保护组织——国际工业遗产保护委员会（TICCIH）也于 1978 年在瑞典成立。80 年代后，随着许多城市对历史工业地区、地段改造和更新、开发实践的增多，一些成功案例也比较多，工业遗产保护受到了广泛的关注。进入 90 年代后，以"国际运河遗产名录（Industrial Canal Monuments List,1996）""世界遗产桥梁（World Heritage Bridges,1996）"等为代表的一系列重要文件表明，工业遗产作为一种重要的遗产类型，已成为世界遗产保护领域保护与研究的重要内容。荷兰、法国、日本、德国等都进行了大量工业遗产保护与再利用的研究与实践。

我国对工业遗产保护与利用的研究与实践虽然相对较晚，但也形成了较为成功的活化利用案例，如中山岐江公园、青岛啤酒博物馆、天津万科水晶城等，常州也诞生了"运河五号创意街区"的成功案例。

江南运河沿线是除上海这一中国近代工业的摇篮之外的又一核心，沿运河工业在中国工业发展历史上具有重要的历史意义，各个时期遗留下来的工业遗存具有重要的史料价值。常州作为工业明星城市，除了运河五号，运河沿岸还有多处工业遗迹等待挖掘保护和传承利用。

2. 常州工业遗产的基本信息

国际工业遗产保护委员会在 2003 年发表的《工业遗产的下塔吉尔宪章》中对工业遗产的概念进行了权威界定，认为工业遗产是"具有历史价值、技术价值、社会意义、建筑或科研价值的工业文化遗存。包括建筑物和机械、车间、磨坊、工厂、矿山以及相关的加工提炼场地、仓库和店铺、生产、传输和使用能源的场所、交通基础设施，除此之外，还有与工业生产相关的其他社会活动的场所，如住房供给、宗教崇拜或者教育"。2006 年 4 月 18 日，中国工业遗产保护论坛通过了《无锡建议——注重经济高速发展时期的工业遗产保护》，对工业遗产采用了类似的定义，即"具有历史学、社会学、建筑学和科技、审美价值的工业文化遗存。包括工厂、车间、磨房、仓库、店铺等工业建筑物、矿山、相关加工冶炼场地、能源生产和传输及使用场所、交通设施、工业生产相关的社会活动场所、相关工业设备，以及工艺流程、数据记录、企业档案等物质和非物质文化遗存"。依据这样的概念界定，通过文献研究和田野调查等研究方法来梳理常州运河沿岸的工业遗产。在常州运河沿岸工业遗产的田野调查中，我们把"运河沿岸"定义为沿运河南北一公里范围内，因为一公里范围内的工业企业在建厂初期一定是考虑用水的便捷和运输原材料及成品的便利。譬如戚墅堰发电厂，南临大运河和常戚公路，北依沪宁铁路，东临戚墅堰机车车辆厂，西邻常州第四棉纺织厂（常州大明纺织染公司），水陆交通，堪称便利。"厂区地处太湖水系，厂西约1公里处有丁塘港，东南有梅港河等与太湖相通。工厂发电用循环水取自大运河。"按照这样的思路从常州境内的奔牛镇开始，一直到戚墅堰，在奔牛老街、陈家弄、新市路、朝阳桥、戚墅堰等地实地考察后，发现这些工业遗产基本沿运河呈线状分布，其基本信息见下表（表3-3）。

表3-3　常州工业遗产信息一览表

序号	遗产名称	遗产地址	遗产点内容	始建年代	特征风貌
1	常州戚墅堰机车厂	中车戚墅堰机车有限公司	戚机厂党委办公大楼	1938	现代建筑
2	常州戚墅堰机车厂	中车戚墅堰机车有限公司	蒸汽机车检修联合车间和台车车间	1956	现代建筑
3	常州戚墅堰机车厂	中车戚墅堰机车有限公司	工人礼堂	1960	现代建筑
4	常州戚墅堰机车厂	中车戚墅堰机车有限公司	各种机车	1906—1980	工业机器
5	大明厂	常州天虹纺织公司	纺织车间水塔	1952	工业构筑物
6	大明厂	常州天虹纺织公司	老办公室、女工宿舍、纺织车间	1952	传统建筑
7	大成一厂	常州大诚纺织集团有限公司	求实园、职工食堂、办公大楼、车间	1938	传统建筑与一般建筑

序号	遗产名称	遗产地址	遗产点内容	始建年代	特征风貌
8	大成一厂	常州大诚纺织集团有限公司	汽纺环纺车间、织布车间	1965	一般建筑
9	大成二厂	华源发展东方印染分公司	竞园	1924	传建统筑
10	大成三厂	常州名力纺织有限公司	北门遗址、办公楼、厂房	1934	传建统筑与一般建筑
11	南港码头	原常州交运南港装卸储运公司	五栋红砖仓库房	1957	现代建筑
12	南港码头	原常州交运南港装卸储运公司	各种吊车、装卸机械	年代不详	构筑物
13	黑牡丹老厂（常州第二色织厂）	南城脚·牡丹里文创园（和平北路32号）	前织车间、平绒车间、织布车间、染浆联车间	1947—1970	一般建筑
14	华昌染织厂	常州市大德纺织有限公司	纺织车间	1956	现代建筑
15	华昌染织厂	常州市大德纺织有限公司	车间、仓库	1972	一般建筑
16	恒源畅染织厂	运河五号创意产业发展有限公司	砖木结构建筑	清末	传统建筑
17	恒源畅染织厂	运河五号创意产业发展有限公司	办公楼3栋	1930	传统建筑
18	恒源畅染织厂	运河五号创意产业发展有限公司	电工间、高配间、木工间、纺织车间2间	1940—1970	一般建筑
19	恒源畅染织厂	运河五号创意产业发展有限公司	锅炉房、锅炉、地磅、烟囱等	1974	构筑物
20	恒源畅染织厂	运河五号创意产业发展有限公司	纤子车、印染轧机、定型设备、和毛机、槽筒式络筒机、雷明顿英文打字机、双鸽牌中文打字机、	1920—1978	工业机器
21	恒源畅染织厂	运河五号创意产业发展有限公司	土地买卖契约、恒源厂界碑、冯玉祥题写的厂名牌匾、原始账册、史料等	1876—1937	工业史料
22	航海仪器厂	航海仪器厂	办公楼2栋、厂房4排	年代不详	现代建筑
23	常州科研试制中心	新市路	办公楼、厂房、两台重型机器	1965	一般建筑和工业机器
24	常州迪尔绝缘材料有限公司	新市路206号	办公楼、厂房	1979	一般建筑
25	常州第二无线电厂（常州金属网厂）	国光科技文化创意园	大型折弯冲压车间、机修车间、热处理车间、电子计算机研究所大楼、大会堂	1960—1970	现代建筑

序号	遗产名称	遗产地址	遗产点内容	始建年代	特征风貌
26	中石化常州石油分公司五星桥油库	钟楼区五星大桥南，西侧	10只油罐和两栋办公楼	年代不详	工业构筑物与现代建筑
27	常州客车厂	常新路110号	两栋小办公楼、厂房、仓库房	年代不详	一般建筑
28	常州机床厂	江苏多棱数控机床股份有限公司	厂房	1956	现代建筑
29	武进奔牛中学五金电器厂	新北区奔牛镇西街50号	厂牌、车间、水塔	1981	一般建筑
30	武进双湖粮油机械厂	新北区奔牛镇金牛西路11号	办公楼、厂房	1982	一般建筑
31	奔牛火车站	新北区奔牛镇	办公楼、站务用房	民国	民国建筑
32	新岗火车站	钟楼区长江中路东侧、沪宁铁路南侧	站务用房	民国	民国建筑

需要特别说明的是，1978年至20世纪80年代末，是我国社会主义工业大发展时期，江南运河沿线城市工业所有制结构发生较大变化，个体、私营、乡镇、外资企业异军突起，国有工业比重下降，轻工业比例下降较快，私营制造业上升较多，特别是苏锡常一线乡镇企业异军突起，成为中国乡镇企业发展的中心地区，企业的分布也突破了运河沿线往乡镇平原发展。所以"苏南模式"也为常州留下了很多70年代末至80年代的乡镇企业工业建筑。

3. 常州工业遗产的分类

工业遗产的分类分析上述工业遗产点的基本信息，我们大致可以发现，新中国成立前常州工业主要以轻工业，特别是纺织业为主，戚墅堰机车厂则是因战争从上海搬迁而来的原上海淞沪机厂；新中国成立后，特别是20世纪70年代末期，在我国社会主义工业大发展时期，常州除了延续原先在纺织染工业方面的优势以外，也逐渐发展了轻工电子和制造业，甚至一度成为重要的制造业城市，也为当前常州打造工业明星城市提供了坚实的基础。由于常州工业发展的时间线索相对较清晰，我们可以按照时间顺序对上述工业遗产进行简单分类：

（1）新中国成立前民族工商业企业建筑及构筑物遗存，主要以纺织染业为主：包括第五毛纺织厂的老办公楼、老厂房、老医务室；大成一厂的求

图 3-1　大成一厂老办公楼

图 3-2　大成二厂竞园

图 3-3 大成三厂仓库与厂房航拍图

图 3-4 戚机厂办公楼

图 3-5　戚机厂老机器

图 3-6　大明厂水塔与老厂房

实园、老厂房、老办公楼；大成二厂的竞园、老厂房、老机器；大成三厂的仓库、老门楼、老门卫；大明厂的水塔、职工宿舍；戚机厂的老厂房、老设备；奔牛火车站老建筑群等（图 3-1—3-6）。

（2）新中国成立初期的工商业企业建筑构筑物遗存：包括戚机厂 20 世纪 50 年代的厂房、休息室、俄式办公楼；江苏多棱数控机床股份有限公司的金工车间、食堂；常州科研试制中心有限公司 13 座藤蔓爬满砖红厂房、高大厚重的机械设备等（图 3-7—3-9）。

（3）20 世纪 80 年代在常州工业发展史上具有代表意义的工商业企业：包括工矿车辆有限公司的热处理车间、总装车间、齿轮车间、桁车轨道；江苏多棱数控机床股份有限公司的总装车间、大件车间、装配车间办公楼、联合车间、导轨车间；第五毛纺厂的厂房、水塔；武进奔牛电子化工有限公司（原武进市奔牛中学五金电器厂）的老门牌和厂房；迪尔绝缘厂仓储式老厂房；武进双湖粮油机械厂的办公楼及厂房等（图 3-10—3-13）。

图 3-7 戚机厂 20 世纪 50 年代厂房

图 3-8　常州科研试剂中心老厂房

图 3-9　常州科研试剂中心高大厚重的旧机械设备

　　当然，依据工业遗产的定义，对于常州运河沿岸工业遗产，我们还可以按保护对象的性质进行分类。按保护对象的性质大体可以分为以下两类：

　　（1）物质遗产：包括工业建构筑物、生产工具及相关文件资料等，我们上面提到的运河沿岸的工业建筑、厂房、仓库、机器及其他构筑物等都属于物质遗产。此外目前保存在运河五号常州工业档案馆的四万多份的史料文件和相关企业的厂志等等也属于物质遗产，还有目前保存在天虹纺织"大明创意园"的很多史料（图 3-14）。

图 3-10　武进奔牛中学五金
电器厂老门牌

图 3-11　奔牛火车站日式建筑

图 3-12　新岗火车站站务用房

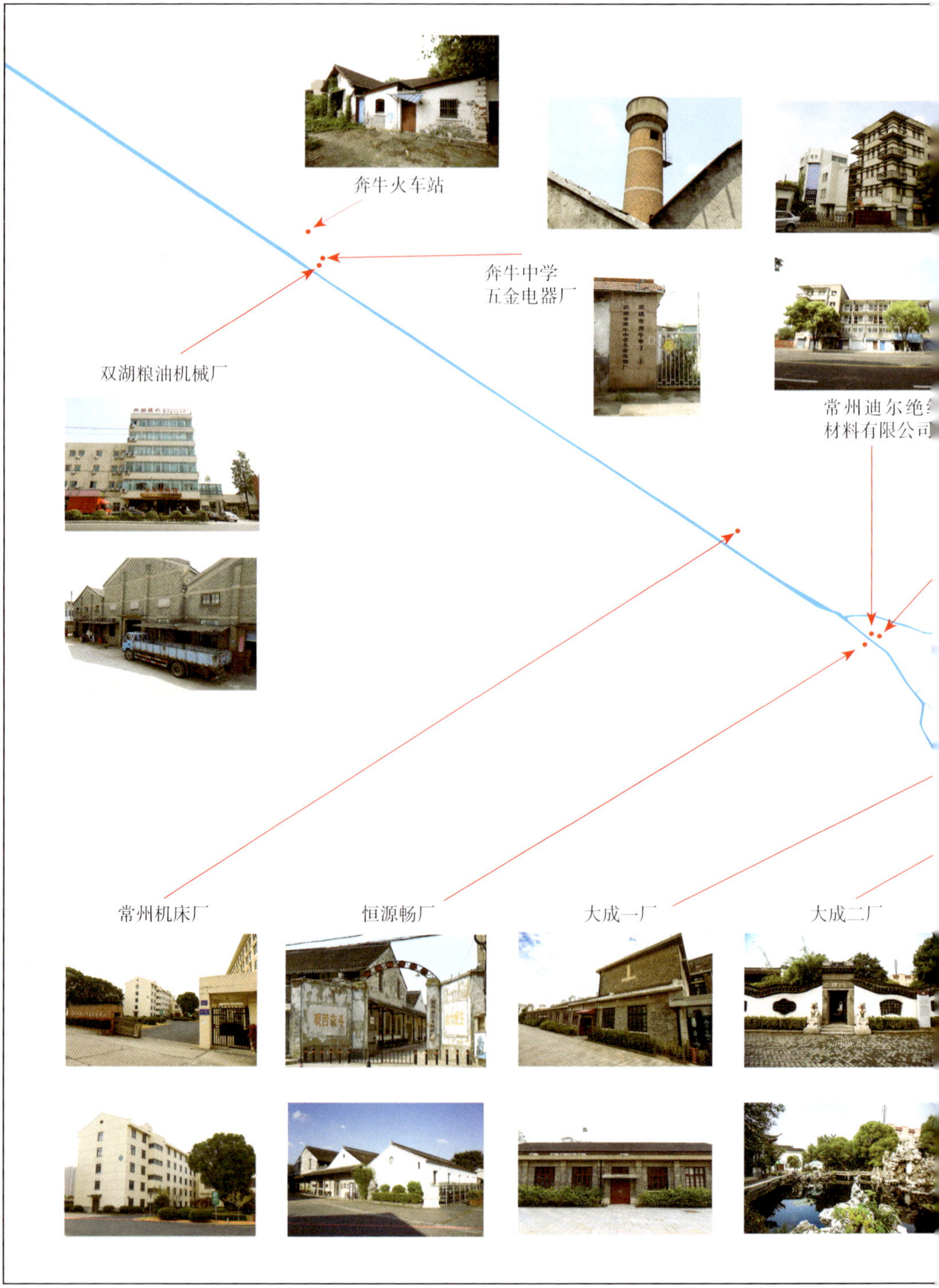

奔牛火车站

奔牛中学
五金电器厂

双湖粮油机械厂

常州迪尔绝缘
材料有限公司

常州机床厂   恒源畅厂   大成一厂   大成二厂

图 3-13 常州大运河沿岸工业遗存分布示意图

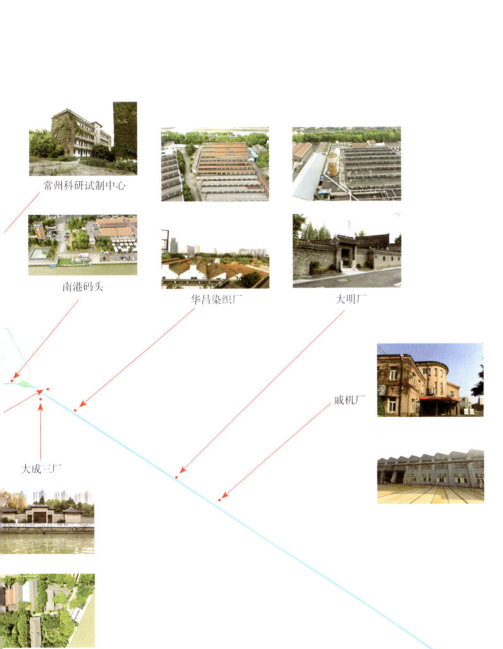

常州科研试制中心

南港码头

华昌染织厂

大明厂

戚机厂

大成三厂

图 3-14   公私合营协议书   图 3-15   大明纺织染公司商标

（2）非物质遗产：包括生产工艺流程、传统手工技能、配方、数据记录、商号招牌等工业文化形态。如常州梳篦、大成纺织染有限公司的蝶球细布、戏猴商标，第五毛纺厂的童鹰商标等等（图3-15）。

（三）常州运河沿岸工业遗产的文化内涵

1. 诗性江南的哲学内涵

人们常说，江南文化的核心是"诗性文化"，而"诗性江南"的内涵却又不仅仅是"诗情画意"，它包含着江南在风景与风情上呈现"优柔的甜美"、在个性特质上呈现"自由的光泽"、在日常生活方面追求"恬淡闲适"。康熙曾给江南官员写过"东南财赋地，江左文人薮"的诗句。这句诗含义深刻，它一方面表明：与其他区域文化相比，江南最显著的特征是物产丰富，文教昌达，另一方面还暗含了"诗性江南""经世致用"的美学。纵观江南运河段沿岸城市的经济社会发展，我们不难发现，诗性江南以经济—审美为基本理念，善于处理和协调"生产关系和生产力"、"社会和个人"的矛盾关系，往往最大限度地实现物质与精神、功利主义与审美主义的融合发展。江南之所以成为中华民族魂牵梦萦的对象，是因为它比"财赋"与"文人"要更多一点东西。这"更多一点东西"是什么呢？学者刘士林认为："江南与生产条件恶劣的经济落后地区相比，它多的是鱼稻丝绸等小康生活消费品；而与自然经济条件同等优越的南方地区相比，又多出仓廪充实以后的江南文化真正的'诗眼'，在于有一种最大限度地超越了实用理性、代表着生命最高理想的审美自由精神。儒家最关心的是人在吃饱喝足以后的教化问题，而对于心灵与精神的自由问题基本上没有接触到。"

正是在江南，无论是政治经济还是社会教化，都超越了"讽诵之声不绝"的齐鲁文化，把中国文化精神提升到一个新境界，把诗性文化融入日常生活，本土的小商人在拥有一定的资本后，投资兴建的依然是直接关注民生的衣食，所以粮油行业和纺织业成为"变商为工"的聚焦点，其目的显而易见是让人们吃得越来越好，穿得越来越舒适。江南人即使小富了，也不穷奢极欲，而是奉行"该花的一分都不少花，不该花的一分都不多花"，在力所能及的范围内，吃得美味、穿得整洁漂亮、玩得舒适惬意，江南的恬淡舒适生活在本质上是超越节俭与奢侈的二元对立，把生活过成实用的、科学的和艺术的和谐整体。

2. "变商为工"的常州道路

据研究，明清时期，太湖地区成为全国商品经济最发达的地区。江南运河沿线城市传统手工业（特别是丝织、棉纺工业）和商业发达，沿运河城镇传统手工业的发展，基本上是以农产品为资源，以纺织为主体，集农工商于一体。常州作为沿江沿运河城市，其近代工业发展的动力不同于近代条约通商口岸城市，它的动力和资金不是来自于外部的影响和投入，而是来自于地方经济的自身增长需要。所以在20世纪的前三十年，常州就经历了两次"变商为工"的浪潮，走上了近代工业化的道路。譬如成立于清光绪三十二年（1906年）的常州第一家织布厂晋裕布厂，其创办人吴幼儒先生原是做布匹生意的小商人，曾在西瀛里开了一家"谦益泰"土布店，布店的生意非常好，销售量很大，吴幼儒认为办布厂比经营布店更有前景，于是他与人合资创办了"晋裕布厂"。布厂兴盛时有手拉木织机100多台，生产的布十分畅销，被誉为"爱国布"。再如常州的大成厂和大明厂，其创办人刘国钧先生，14岁从靖江来到常州，先后在刘吉昇京货店和元泰京货店当学徒，曾经挑着货郎担穿街走巷，抓住一个偶然的机遇攒下了人生的第一桶金，1909 年开办自己的和丰布店，并依靠这个布店很快成为奔牛镇首富，于 1921 年兴资办厂。常州正是由土生土长的民族资产阶级在传统手工业、小商业的基础上，"变商为工"，建立起近代工业，实现了地区的初步工业化，走出一条独特的"常州道路"。

3. 富国裕民的家国情怀

常州不仅走出了瞿秋白、张太雷和恽代英等革命先驱，土生土长的民族资本家也有着富国裕民的家国情怀。常州是在传统手工业、小商业的基础上，"变商为工"，建立起近代工业，实现地区初步工业化的。在这个过程中每一位由商而工的企业家大都经历了一番甚至几番艰苦卓绝的个人奋斗才取得了成功，他们不仅有修养、有抱负，目光敏锐，才智超人，而且常怀忧国忧民的家国情怀。纺织巨子刘国钧就是其中的典型。刘国钧曾用名刘金生，1916 来到常州准备办厂时，就对父亲说："我再也不能为金而生了，要为国而行，您帮我改个名字吧！"于是父亲为他改名"国钧"，取"国之钧器"之意。他的大成厂厂名取自于《孟子》"孔子之谓之集大成者，金声而玉振也"，大成厂厂歌中明确提出"挽回利权，富国裕民"，表达了刘国钧先生一心发展民族工业、富国裕民的家国情怀。更为难能可贵的是，在解放战争后期，面对国民党政府的高压态势，为"早日解除人民蒙受战祸的苦痛"，刘国钧在中共地下党的帮助下，妥为筹划，坚持原地生产，挫败了国民党的搬迁阴谋。20 世纪 50 年代初期，为了促进国家的工业生产，他将大明纺织染有限公司转为公私合营，并写下"人老心未老，永远跟党跑"，以示自己为国为民的坚定信念。此外，常州产业工人也极富爱国热情和民族情怀，戚电厂的前身震华电厂的工人，北伐战争时期就在共产党的领导下在反对军阀的积极斗争中表现出大无畏的斗争精神。抗日战争期间，戚墅堰机车厂和戚墅堰发电厂的工人在地下党的领导下，与日本侵略者进行了艰苦卓绝的斗争。解放战争期间，戚电厂职工在党组织的领导下，积极开展"护厂反轰炸"斗争，在电厂遭到轰炸受损后，工人们日夜抢修，克服一个个技术难关，不到半个月，全面恢复发电能力。这些家国情怀和革命精神在后来的社会主义建设中也激励出一代又一代的工人榜样，成为新时代常州精神的重要来源。

4. 屡败屡战的创业精神和日益精进的技术进步

在两次"变商为工"的进程中，很多企业家的创业之路并不是一帆风顺的，有的甚至经历几番商海沉浮，才最终在行业中拥有一席之地，甚至成为行业的龙头老大。他们的沉浮故事数蒋盘发和刘国钧这对忘年交的创业故事最为典型，而蒋盘发的创业经历可谓屡败屡战。蒋盘发于 1911 年与赵锦清、蒋鉴霖、陆友仁等合资，在茶山梅龙坝开办了裕纶布厂，布厂建立之初，有手拉机 30 台，经过 4 年经营，蒋盘发积累了 4.5 万元。1915 年蒋盘发鉴于用木机织布事倍功半，不足与舶来品竞争，1916 年他邀赵锦清东渡日本，考察机器纺织，归国后决心创办一家机器织布厂。当年三月，蒋盘发邀请裕纶布厂原股东，再加上刘国钧等集资 9 万余元，组成大纶纺织公司，在东下塘三将军弄旁设立"大纶机器织布厂"，蒋盘发任经理，刘国钧任协理，共经营了两年多，后因股东内部矛盾，刘国钧撤回本金，利息留作股金。刘国钧离开后，蒋盘发继续经营"大纶机器织布厂"，并于 1920 年（有说是 1921 年）更名为"大纶纱厂"，继续经营至 1924 年宣告破产，蒋盘发甚至拿出自己的田契抵押以维持工厂生存，后来由刘国钧帮助他料理债务。蒋盘发仍不气馁，回到梅龙坝，从零开始，在家中原有的 24 台织布机的基础上，又设立协源浆纱厂，逐步扩大布机，兼做绒布，发展成为染织工厂，兴办了协源染织厂。由于经营得法，采用盘头纱、筒子纱后，降低了生产成本，到抗战时已有布机 240 台，并有充裕的周转资金，成为当时最大的一家染织厂，显示了他筚路蓝缕的创业精神。 1930 年，刘国钧拿下了"大纶久记"，成立了大成纺织染公司，蒋盘发还受刘国钧的邀请，以顾问名义，每天坐镇大成纺织染公司，帮助刘国钧排除地方上的阻力。

常州早期的企业家不仅善于创业，还善于管理，重视改进技术和严于质量管理。大纶纺织公司成立后，主织斜纹布，由于技术掌握不到位，斜纹显得疏而粗，产品卖不出去。企业内部流言四起，股东之间渐生矛盾，甚至有人说刘国钧用公司的钱买了旧机器，不好用，导致产品质量不过关。在重重矛盾和压力之下，刘国钧始终坚信是技术不到家导致的质量不合格。为了尽快解决问题，刘国钧到处寻求帮助，听说上海"怡和织布厂"斜纹布织得很好，他就赶往上海取经。上海"怡和织布厂"是一家英资企业，对技术和工人管制都很严，外人严禁进入工厂生产车间。无奈之下，刘国钧只得换上工装通过一位李姓师傅混进"怡和织布厂""偷师学艺"，没想到第三天刚进车间就被一位英国领班发现，随着英国领班吹响尖利的警哨声，刘国钧迅速跑出车间，奋力翻出围墙，才得以逃脱。经历了这一次的惊魂一刻，刘国钧不敢再轻易深入英国人的纱厂，只得花高价将上海师傅请到常州进行技术指导，最终解决了"挑盘"和"浆纱"问题，大纶纺织公司斜纹布质量逐渐成为地区一流，刘国钧殚精竭虑地解决技术问题也成为常州工业史上乃至中国纺织业的佳话。经过大纶纺织公司的历练，刘国钧完成了由商而工的转变，他学会了如何组织机械化大生产，如何用较先进的生产方法、相对科学的管理手段来获得厚利。这些均为他日后创办和经营大成纺织有限公司和大明纺织染公司打下了坚实的基础。

为了不断推进机器化大生产，参与国际竞争，刘国钧先后于 1924 年、1930 年、1934 年三次东渡日本学习日方的技术和先进的生产管理方法，并不断在实践中探索现代企业管理知识，先后提出"华厂日厂化""出品日货化"，向工商界同仁发出"不可专事对内竞争，而要以科学之头脑工人之身心与世界竞争"的呼吁。

在常州近现代工业发展史上，像蒋盘发、刘国钧这样富有创业精神和重视企业内部管理与质量管理的企业家比比皆是，他们代代相传，为常州开创"苏南模式"、成为"工业明星城市"提供了宝贵的精神财富，也必将为常州打造"工业智造"明星城提供坚实的工业历史文化底蕴。

（四）运河沿岸工业遗产的保护与活化利用

1. 工业遗产保护与利用的类型

传统的工业文明已经完成了历史使命，但是却留下了非常重要的至少两方面的影响：一是从有形的工业建筑、机器设备到无形的生产工艺和管理方法，都构成了城市的、国家的甚至是民族的工业文化记忆。二是许多工业遗产特别是建筑和机器设备，虽然丧失了原有的使用价值，但是它们的物质生命依然长久，需要我们在保护与利用之间找到一个最佳的平衡点。近年来，我国在借鉴国外工业遗产保护与利用的理论与实践经验的基础上，结合我国的国情和工业发展的特殊状况，进行了工业遗产保护与利用的中国实践，表现出"理论先行、实践受理论指导的特质"，在工业遗产的核心价值、保护与利用的机制等方面作了一些探讨，并产生了一批保护与利用的典型案例，如广东中山岐江船厂改造、中国沈阳铸造博物馆、上海国际时尚中心、北京798艺术区、青岛啤酒博物馆、西安建筑科技大学华清学院、成都东区音乐公园等。

综合学界已有的研究，国内外对工业遗产的保护与活化利用大致可以归纳为四种类型：博物馆保护模式、景观公园改造模式、综合物业开发模式、创意园区（街区）利用模式。

（1）工业博物馆模式

此种模式以保护工业遗产核心价值为主要目的，以展览促保护，将工业生产的建筑和场所、生产工艺过程、机器设备等，甚至工人用过的工具与生活用品作为展示主题，通常采用整体保留方式，在原址上建博物馆，对工业遗产的"品相"要求较高，有基本的原始风貌和有完整的工业生产流程的机器设备。因此，此种模式往往应用于工业发展史上具有典型性、有独特而深厚的文化底蕴、在行业有较高知名度的工业遗址，依托昔日的工业活动空间、工作条件和环境，从而把对遗产的展示坚决地锁定在工业视角，如德国鲁尔工业博物馆，国内沈阳铸造博物馆和青岛啤酒博物馆等。

（2）景观公园改造模式

工业生产活动停止的直接后果是工业废弃地的形成，这些废弃地的生态环境往往遭到一些破坏，还有一些工业设施的遗弃物和地表痕迹，对这种工业遗产最有效的方法是开辟为市民生活休闲的工业遗址景观公园或城市开放的公共休憩空间。这种模式重在开发工业遗产的美学价值，需要在原有工业遗存的基础上，对各种人工的和自然的要素进行规划和设计，采用艺术手法来设计和营造新景观，以此来为城市居民提供工业文化体验以及具有休闲、娱乐、体育运动、科教等多种功能的城市公共活动空间。目前国内最具代表性的是由原粤中造船厂改造而成的中山岐江公园。

（3）综合物业开发模式

在城市的更新策略中，对于已经失去原有功能的工业遗存，可以采用经营开发的方式，对工业遗址地进行购物旅游相结合的合理利用和改造，化腐朽为神奇，继续发挥其社会效应，挖掘其经济价值和社会价值，这就是综合物业开发模式。

（4）创意园区（街区）利用模式

进入创意产业经济时代，创意产业对于促进旧的工业城市改换容颜、优化布局，促进经济发展具有积极作用，因此，创意产业园区（街区）模式在工业遗产活化利用实践中蔚然成风。此种模式往往把以前厂房、车间、仓库等遗存改造为创意产业园，创意产业园既可以租赁创业，也可以用来展示现代艺术、大型雕塑、装置艺术等。譬如北京的 798 艺术区，就是成功地租赁和改造原 798 厂的空置厂房，逐渐形成了具有国际色彩的 SOHO 艺术聚落和 LOFT 生活方式。此种方式常州使用较多，如"国光 1937 文化创意园""大明 1921 创意园"（图 3-16）。

国内外工业遗产保护与利用的四种模式并不是单独区分毫无关联的，在实际的使用中往往会融合几种模式。然而不管是哪种模式，工业遗产的物质形态必须有所保留，而工业遗产的非物质形态则可以以图片、影像等形态存续其间。因此工业遗产保护和利用的任何一种模式都需要用不同媒介激活人们的视觉感官，使人们在置身其中时体验已经逝去的工业文化。

2. 对常州运河沿岸工业遗产活化利用的美学建议

基于上述的分析，结合当前常州工业遗产保护利用的基本情况，可以从视觉隐喻的角度出发，对常州工业遗产的保护与利用进行美学建构。

（1）视觉隐喻

视觉隐喻的概念来自于图像学，美国当代艺术哲学家诺埃尔·卡罗尔认为："任何涉及和使用视觉图像的艺术媒介，如绘画、雕刻、摄影、电影、电视、戏剧和舞蹈等都存在产生视觉隐喻的可能性，并且这种可能性已经得到了实现。"视觉隐喻，通俗地说，就是运用视觉语言"打比方"，按照当代文学图像论的基本理论，我们可以说：视觉隐喻是指以感性意象为单位，按照某种特定的意图，以融合或聚合的方式生成具有合成性结构的图像。其基本内涵就是将某物视为另一物意义的转换，且这一转换的完成是以图像符号为载体的。视觉隐喻的具体表现形态是视觉艺术的形式载体——图像。主要包含三种基本形态：静态图像，即图画（picture），如绘画、摄影、广告、平面设计等；动态图像，即影像（figure），如电影、电视、戏剧和舞蹈等；景观（spectacle）图像，如建筑、雕塑、园林、广场、装置、大地（地景）、

图 3-16   大明 1921 创意园

涂鸦艺术等。如上所述的视觉艺术载体的三种基本形态，在当前的工业遗产保护和利用中比比皆是。如果我们在保护和利用的规划中忽视了其中的某一种形态，往往会导致游客看不懂或看不透遗产，从而丧失对工业遗产的观赏兴趣。工业遗产保护与利用中的视觉隐喻至少有三个层面：一是工业遗产通过物态表达的工业历史，二是接收者从工业遗产中理解到的意义，三是工业遗产在保护和利用中被附加的工业文化意义。对于工业遗产的保护利用设计者和观赏者而言，双方都希望能达到第三个层次。

（2）三条美学建议

①新旧建筑的异时同构

根据前面的分析，任何一种保护利用模式，工业遗产的基本主体都是要保存下来的，如厂房、车间等建筑，还有一些机器设备等。只有把这些物态的遗产保护好了，工业遗产蕴含的文化内涵才有可以表达的媒介和载体。当前常州天虹纺织公司对大明厂的保护利用就采用了异时同构。原大明厂现存的民国时期建筑有生产车间、水塔、办公室、会议室、宿舍（2 排），2006

年上海天虹集团收购后，改称为"常州天虹纺织有限公司"，并投资 1 亿元
创建"天虹大明 1921 创意园"，还将天虹集团上海总部迁至于此，新建了
集团纱线、坯布、面料服装办公中心和集团新品展示中心、员工公寓、员工
自助餐厅等建筑。新建的建筑均采用橘红砖灰黑线，显得古朴典雅，与旧有
的青砖黑瓦建筑交相辉映，营造了一种具有时代感和历史风云的视觉享受。
特别是保存了刘国钧的办公室和会议室，里面的家具也是复古风格，看到那
张绿色桌面的办公室，仿佛就看见刘国钧先生站在桌前深思熟虑、运筹帷幄
（图 3-17、3-18）。

　②工业旅游的体验沉浸

　近几年，常州市为了进一步推进大运河文化带建设，积极筹划了"工业
旅游"新概念，把全市工业系统有特色、有科普价值或有历史文化价值的
项目重新整合包装，设计成旅游线路，集中推出。特别是常州经开区，运河
沿岸拥有天虹纺织集团的"天虹大明 1921 创意园"、戚电厂、戚机厂，还
有新晋的国际品牌企业"蓝豹"集团，新建了"常州轨道交通展示馆"。这
些工业旅游资源正在以建筑、图像、影像、景观等方式逐渐向旅游市场开

图 3-17　刘国钧办公室

图 3-18　大明厂女工宿舍航拍

放。"天虹大明 1921 创意园"以保留的原始厂房、宿舍、会议室、办公室让游客感知和体验从前的大明厂，还通过设立历史文物保护中心让人们了解刘国钧的传奇人生；戚电厂虽没有了原来的厂房和设备，却建立了自己的展览馆，以图片和影像的方式让人们重回戚电厂初建的艰难和"反轰炸"的壮烈；戚机厂仍保有百年建筑——办公楼，红砖上的枪眼仿佛还在向人们述说着当年日寇的暴行，展示厅里陈列的 1906 年从英国进口的老机器依然保存完好，丝毫没有任何历史违和感；"常州轨道交通展示馆"采用最新的 VR 技术，让游客在虚拟情境中体验新机车的运行。

　　③故事表达中的情感维系

　　工业遗产保护利用不可能将原有的工厂全貌和生产管理过程全部展现，而对于一般的游客而言，"旧厂房或设备必须用来展示工业生产场景，否则无法使游客得到完整的感知和印象，也无法吸引游客的兴趣"。因此在旅游开发设计中应该重视视觉隐喻需要的三种基本形态：静态图像、动态图像和景观图像。比如，为表达刘国钧的职教思想和富国裕民的家国情怀，可以用现场讲解员讲故事的方式，也可以用电子屏幕循环播放央视的纪录片《织梦江南——纺织巨子刘国钧》，当游客看到刘国钧先生说"工厂工厂，工人之厂也，工厂不是为了少数人安富尊荣的享受，应是为了多数人甚至延及后世子孙的生活来源，因此工厂的主体应是工人大众"的片段，一定会对他的富国裕民情怀感同身受。

工业遗产是阅读城市的重要物质依托，许多工业遗产虽然不像一般艺术作品具有很高的艺术价值，但其以工业美学为代表的特殊形象往往成为所在城市的鲜明标志，是城市文化不可分割的一部分。在视觉艺术盛行的年代，从视觉隐喻的角度去构思设计工业遗产的保护与再利用，提高其艺术价值，唤起人们对曾经存在的风云变幻和跌宕人生的认同感和体验，利于人们更好地理解城市的工业文化，体会地方文化特色。

3. 打造工业遗产活化利用的常州模式

（1）运河五号创意街区

①历史沿革

"运河五号创意街区"位于运河南岸三堡街中段原常州第五毛纺厂厂区，这里作为纺织企业工业遗产，最早可溯源至"三和布厂"。1932年，由汤梦喜、荆春生、费定庵三人集资法币六千元创建了"三和布厂"，当年建造约600平方米锯齿形车间，安装了普通织机32台、纡子车一台、30匹马力柴油引擎一台，全厂职工50余人，二班制生产匹长为40码的白细布和白斜纹布，是常州早期机器织布厂之一。

1933年，润源色布店老板毛锡章接手了三和布厂，增加18台英式投梭织机，更名为"恒源布厂"。1936年，毛锡章、查秉初等招股集资12万元，在原厂名后加了个代表兴旺发达、财源旺盛的"畅"字，成立"恒源畅染织股份有限公司"，并向当时的民国政府实业部领取"设字第1395号"登记执照，工厂逐步扩建厂房、添置设备，生产品种增加了黑线呢、花线呢、贡呢等，产品远销南洋群岛等地。

1955年，恒源畅走向了公私合营，产供销纳入国家计划，管理体制臻于完善。1966年9月18日，经上级部门批准，恒源畅转为国营企业，更名为"第五棉纺厂"，1980年又改名为"国营常州第五毛纺厂"，成为能生产纯化纤、混纺和全羊毛毛毯的全能工厂。20世纪90年代末，随着产业结构调整，作为曾经辉煌的国企，"国营常州第五毛纺厂"逐步陷入发展困境，2007年，

"国营常州第五毛纺厂"完全停产（图 3-19）。

②遗产内容

运河五号创意街区占地面积 36388 平方米，总建筑面积约 32000 平方米。街区内各类建筑历经 20 世纪初期直至 90 年代，每个年代都有代表性建筑存续其间。其中 30 年代、40 年代建造的原恒源畅办公楼和老厂房，均按照国家文物保护修缮的要求，进行了成功的修缮。主要的遗产内容大体有以下几类：

独特的建筑　厂区内房屋建筑风格独特，有民国时期江南民居建筑、日式建筑、办公楼、锅炉房、烟囱、水塔、锯齿型连排老厂房等，特别是连排锯齿形厂房，非常具有纺织企业的特色。斑驳的老墙、高大的空间、粗犷灵动的线条，每一个工业元素都承载着近代纺织工业的印记，诉说着历史的风云变幻，呈现着迷人的工业文明的艺术魅力。

机器和史料　目前工业仪器设备保留有：20 世纪 20 年代的纡子车、30 年代的印染轧机、定型设备、印染生产线中辅助设施石槽、1932 年的雷明

图 3-19　"运河五号"外景

顿英文打字机 1 台，1970 年的双鸽牌中文打字机 1 台、会计办公用具、1978年的和毛机、槽筒式络筒机、机织毛毯生产线上的梳毛机、水空调喷淋系统等。相关史料有：清光绪二年（1876 年）土地买卖契约、1933 年的恒源厂界碑、爱国将领冯玉祥题写的"恒源畅染织股份有限公司"厂牌匾、清代以来的原始账册、史料、各类手稿、图书资料共计四万多份、"童鹰"毛毯商标等（图3-20）。

③保护措施

2008 年，结合古运河申遗、常州申报国家历史文化名城，围绕"运河文化、工业遗存、创意产业"三大主题，通过"抢救、保护、利用"的办法，常州产业投资集团有限公司（原常州工贸国有资产经营有限公司）将原五毛厂改造成运河边的创意街区——运河五号创意街区，成为古运河上一道独特的风景。

保留文保建筑、修旧如旧。厂区内拥有横跨 20 世纪 30 年代到 90 年代的早期民居、日式建筑和极具纺织企业特色的连排锯齿形厂房，改造过程中严格遵守"不改变文物原状"和"最少干预"的原则，最大限度地保护了文

图 3-20　"恒源畅厂"门牌

物建筑的真实性和文物价值，同时注重提炼其中蕴含的工业文化，让斑驳的围墙、爬满青藤的厂房，默默地诉说着它们当年的芳华。

保留老机器、老设备。抢救性的收集了一些代表了 20 世纪二三十年代的纺织工业的特征设备。其中有已经列入全国第三次文物普查目录的印染设备的一部分。包括定型滚筒、轧染机主体、印染生产线上用的石槽。

另外有在 20 世纪 20 年代所制造的细纱机基础上，改造成的纤子车；还保存有 20 世纪的槽筒车、水循环恒温恒湿机组、圆盘印刷机等八台不同生产行业特征的老设备。

以厂房为主体，形成文创产业集聚区。厂区内完整地保留了从 20 世纪三四十年代起到 90 年代为止，每个时期的厂房。陈旧斑驳的老墙配以满墙的爬山虎更显历史的沧桑和岁月的变迁。目前已将原厂区厂房、办公楼和配套设施打造成设施完备、功能完善、服务全面、氛围独特的创意创业发展平台。

④特色亮点

与文保合作，着力培育工业遗存文保建筑。保护工业遗存，把工业遗存打造成文保建筑，是推进运河五号街区建设的首要目标。2010 年，恒源畅旧址 1 号楼被列入江苏省首批古运河沿线重点文物抢救工程。2011 年 12 月江苏省人民政府在街区内单个市级文保建筑的基础上扩展范围，将整个恒源畅旧址列为江苏省文保单位。

与档案联手，共建企业档案抢救保护和开发新模式。2009 年，常州市档案局、市国资委、产业投资集团经过多次协商，决定创新理念，整合资源，联手开展工业遗存和工业档案抢救、保护和开发。经过两年的艰苦努力，将原来一幢 8000 平方米老厂房打造成工业档案大楼，建立常州工商档案博览中心，分为"常州百年工商档案展示馆""常州市全国劳模档案展示馆"和"龙城记忆——常州档案史料陈列馆"三部分，先后接收整理破产关闭企业档案 60 万卷，征集到老照片 1100 余张，产品实物 200 多件，为濒危的破产、关闭企业档案"安了个家"，形成企业档案集中保管、统一开发利用的格局，开办至今接待了近 60 万参观者，成为常州市民触摸常州历史，感受工业文明的绝佳场所。

与创意相融，打造两岸青年创新创业基地。2015 年"运河五号创意街区"被两岸企业家峰会授予"两岸文创产业合作实验示范基地"，2016 年正式获

批"江苏省台湾青年就业创业基地"，目前园区有"台青"创业项目 20 个，
30 多位台湾青年在运河五号创业就业，另有大陆青年创业企业 70 多家，两
岸创业青年在这里交流合作，推进资源共享，实现融合发展。

与旅游联姻，建成工业文化旅游新景点。发展旅游是工业遗产实现其自
身价值的重要途径。运河五号为寻找城市记忆、追溯历史文化、热爱创意生
活的人们提供了如百年工商文化游、悠悠运河水上游、创意休闲时尚游等丰
富多元的旅游体验和服务。如原来工厂的女工宿舍和盛宣怀建造的"老人堂"，
如今已经打造成常州唯一的一所国际青年旅舍，集文化、历史、环境于一体，
分布于桂、兰、梅、竹四个庭院之中的古朴悠闲、氛围独特的房间，文化韵
味浓厚，环境幽静，不论是商务旅游还是背包客，都能在这里找到心灵的栖
息地。

（2）经开区串点成线连片的工业游学

对于工业遗产的活化利用，我们前面提到的"工业博物馆模式""景观
公园改造模式""综合物业开发模式"和"创意园区（街区）利用模式"四
种模式，其中的核心要素是以工业建筑为基本载体的工业旅游，因此造成了
我们对工业旅游的传统认识往往局限于工业史主题公园、工业区遗址，甚至
工业博物馆等狭窄领域。这种传统认知导致的工业旅游往往局限在工业遗产
所表现的已经"故去"的企业内容，忽视了对工业遗产今天的审视和未来的
想象。广泛的工业旅游，应该包括那些附着在现存或"故去"企业之上的各
种内容，应该可以融观光、游览、学习、参与、体验、娱乐和购物为一体，
覆盖了从工业遗产、建筑设备、厂区环境、企业史到研发生产过程、工人生
活、工业产品、产业形态、企业管理方式和经验等一系列内容，特别是对于
一些依旧在发展壮大的老企业，工业旅游不仅承载着历史文化传承的功能，
而且可以直接向游客展示现代化工业的生产和作业景观，并能为游客创造生
产体验，甚至还可以采用虚拟方式展望未来行业和企业的发展前景。这样的
工业旅游对当今缺乏生活经历的青年学生甚至是小学生来说更为重要，所以
近几年在工业旅游方面更重视开拓工业遗产中依然在生产的企业，与学生的
科技创新教育紧密结合，推动工业游学项目的开展。

①经开区"示范性工业游学基地"建设的优越条件

百年工业老厂齐聚，历史底蕴厚重。经开区工业历史悠久，基础扎实，

民营经济发达，拥有运河和沪宁铁路的双重优势。明末清初，经开区区域就开设有多家工场、作坊，尤以家庭织布、砻坊、糟坊为盛。北洋政府和国民政府时期，经开区又是最早受到上海影响的民族工业产生的江南地区之一。民国八年（1919年）刘瑞金创办燧源电灯厂；民国十一年（1922年）张云博、杨翼之等创建国内最早的近代工业企业——利民纺织厂；民国十三年（1924年），杨廷东等开办震华制造电气机械总厂（今戚墅堰电厂）。震华厂的开办为当地农业灌溉、工业发展提供了有利条件，至此，碾米厂、面粉厂、油厂、铁工厂等相继兴办。民国二十五年（1936年），上海吴淞机厂迁址戚墅堰而建戚墅堰机厂，占地42万平方米，厂房面积2.1万平方米，职工1500多人，为常州第一个大型近代化工厂。至抗日战争前，原戚墅堰全区有大小工厂11家。

现如今，经开区运河沿线的三个历经百年的工业企业仍然蓬勃发展，分别是中车戚墅堰机车有限公司（1898年）、华电戚墅堰发电有限公司（1921年）、天虹纺织（1921年）等。其中，中车戚墅堰公司、中车戚墅堰所见证了中国铁路事业百余年的发展历程。天虹纺织集团和戚电厂的历史可以追溯百年，积淀了独特的工业文化底蕴。

历史遗产数量众多且保存完好。经开区运河沿岸的工业企业涵盖了轻工业（纺织）、重工业（机械加工与制造）、市政服务（电力、垃圾处理）等行业。工业遗产保留较为完好，工业遗产点数量较多，产业集聚程度高，体量较大，厂房、车间、设备、仓库、办公场所等保留较完好。大明创意园为民国建筑群，展示了常州轻工业历史、大明厂的发展历史、天虹集团发展历程，是一个代表常州纺织文化、近现代中国民族工业发展和传承的创意文化园区。

戚机厂是最能代表江南地区近代工业发展的企业之一，在长三角乃至全国范围内都具有较高影响力。戚机厂蒸汽机车检修联合车间、台车车间以及工厂事务所是戚机厂工业遗产中保留较为完好、建筑风格独特的典型工业遗产点。国棉四厂（天虹纺织）仓库、车间、职工业余收养所、纺织车间保存相对完好，可利用价值较高。

工业旅游已具雏形，游学市场悄然打开。经开区工业遗产资源为开发工业旅游奠定了良好的基础，竞争优势明显。2018年公布的江苏省级25家工业旅游区中，经开区光大常高新环保工业旅游区榜上有名。目前，中天钢铁、光大环保等企业的工业旅游线路开设时间较长，企业在厂区设置了参观线路，并由专人讲解。此外，还有蓝豹股份"花园式工厂"和常州轨道交通产业展示馆等，共同支撑起了经开区的工业旅游体系。在中天钢铁，游客不仅可以走进员工生活区，还可以实地体验生产一线。在以往的印象中，钢铁制造是一个劳动密集型的苦脏累行业，工人们整天汗流浃背、蓬头垢面。然而在中天钢铁，传统印象将被颠覆——游客可以真正零距离感受"规模化、专业化、智能化、绿色化"的钢城风采。在常州轨道交通产业展示馆，可以通过观看影片和展板，体验3D投影、VR、全息成像、声光电交互沙盘等前沿科技，感受轨道交通产业百年发展历程。

2019年3月，经开区与誉程研学公司合作推出了首批四条工业旅游路线，分别是"寻找废弃的垃圾""钢铁是怎样炼成的""穿越历史的火车""老工业区的华丽转型"。其中，"穿越历史的火车"以常州经开区主导产业轨道交通为载体，通过参观历史设备陈列室、厂史陈列馆和现代工艺车间，让游客全面了解我国轨道交通建设的历史进程和社会经济价值；"钢铁是怎样炼成的"依托中天钢铁一日游线路，走进现代绿色钢城，让游客了解钢铁工业生态环保转型历程和企业的奋斗历程，弘扬民营企业家精神；"寻找废弃的垃圾"依托光大环保工业旅游项目，增加趣味性和体验性内容，让游客了解城市垃圾如何变废为宝，循环利用；"老工业区的华丽转型"整合区域内百年企业和高科技企业，通过参观轨道交通产业园等企业集聚区，让游客了解老工业区创新改革、转型升级的历史进程（图3-21—3-23）。

②经开区"示范性工业游学基地"建设的优化思路

经开区工业旅游全面开展以来，已接待了多批来自国内外的研学旅游团和商务考察团。截至2019年2月，游客已达到5000人次，工业旅游影响力的持续上升，为经开区乃至常州地区在利用自身的工业遗产资源，发展后续的"工业游学、工业研学"模式奠定了人气基础。长三角地区其他工业旅游场所数量众多，各具特色，如何在竞争激烈的工业旅游市场中脱颖而出，需要作科学的战略规划。基于目前侧重于发展工业研学旅行的场所相对较少，经开区可以抢占发展先机，找准突破口，及时调整旅游开发定位，细化目标市场，以"学生"群体作为主要受众，更加突显"学习""研究"，着重发展"工业游学"，打造为具有科技创新和教育特色的"工业游学"基地。

经过调研发现，经开区工业旅游在主体参与度、受众细分度、路线设计的科学性、工业遗产内涵度、工业黑科技的彰显度、游学活动创意度等方面还有待提升。应坚持以"研学为主、旅游为辅"的工业游学定位，遵循工业遗产"保护优先、凸显要素、动态传承、可持续发展"的基本原则，本着教育性、科普性、体验性兼顾的思路，开展"四位一体"的工业游学基地建设模式，即同步开展实体综合展馆建设、电视纪录片（微视频）制作、研学教材编写、线上展示（讲堂）系统开发四个方面的建设，构成全方位的"工业游学示范基地"建设体系，并着力提升主体参与度、优化工业游学路径、细分目标受众、凝练工业游学主题、挖掘各工业遗存文化内涵、运用移动互联网新技术等。

提升企业协作度、提高学校参与度。调研发现，经开区的工业游学初步形成了以政府部门（经济发展局）为主导，典型工业企业为主体，旅游公司及教育类研学机构参与开发的模式。但各工业企业间的协作度、整合度较差，教育主管部门、中小学校、相关高校、旅游者（学生）等群体的参与度较弱。建立经开区工业游学基地，应发挥工业行业协会的联动作用，引导加强各工业企业之间交流协作，将区域内的典型工业企业的工业遗产及现有资源整合起来，优势互补，形成"1+1 > 2"的效应。在政府部门引导下，在现有轨道交通产业展示馆的基础上进行扩容，建议将各相关工业企业的档案资源进行整合，改变零散状况，建立一个全面、系统展示经开区工业发展史料的综合性展馆。

以"研学为主、旅游为辅"的目标定位，决定了教育单位及学生是主要目标受众，其学习和研究的需求决定了工业游学的方向、思路、主题、内容等。可以在常州教育系统内大力推广工业游学项目，成立"工业研学教育"专项组，了解各层次学校的教学需求，征询各层次学校的意见，制定工业研学发展规划，为常州创建"工业智造明星城市"和"科教创新明星城市"奠定教育基础。还可以发挥本土工科院校的学术优势，与高校合作，研究编写常州工业发展史，以绘本、课程、专题讲座、宣传片和"名师课堂"视频为载体将常州工业文化广为传播，还可以接受大学生专业实践，安排志愿者"讲解""导游"服务。

凸显工业元素，改善路径模式。目前，常州工业旅游的典范包括：黑牡丹科技园工业旅游区、运河五号创意文化街区等。其中，运河五号创意文化街区包含常州市档案博览中心、运河记忆展览馆、LOFT 工作区域、各类工作室和摄影棚等，另外还配套建设了游客接待中心、工厂食堂、德国餐厅、咖啡馆、红酒坊等各类商业设施。但除了街区内的建筑特色和几个"运河""工业"主体的展馆外，其他业态并没有显著的工业元素或运河文化痕迹。相对于运河五号工业遗存资源的集中性块状分布，经开区工业遗产资源呈分散性点状分布，需要借助于区间交通工具，可交由研学公司统一安排。在凸显工业要素的基础上，须制定出科学系统的游学线路，推行工业游学的"馆—厂—店—园（街）"路径，符合旅游者"全局了解—感性认知—体验实践—研究反思—物质收获—文娱休闲"的层层推进思维。

通过建立完整系统的游学思维导图，体现工业游学所具备的历史人文认知、生产流程及工艺体验、特色工业产品推广等功能。其中，通过常州轨道交通产业展示馆，搭乘"穿越历史的火车"，了解轨道交通产业发展的百年历程；通过戚机厂公司陈列室、历史设备陈列室、天虹纺织厂史馆（筹）、戚电厂红色教育基地等，了解三个百年老厂的厚重历史文化。通过让游客零距离参观机车生产与工程操作等过程，获取科学知识。尤其应根据各工业企业的性质和特点，设计具体的厂区参观及体验路线，凸显本企业的文化特色，充分关注"活的"特色工业企业，完善企业的观览通道，并开发出工艺衍生品供游客购买，不仅打开特色工业企业对外的宣传窗口，也打造成常州百年工业文明的展示窗口。

凝练工业游学主题、打响游学宣传口号。当前，我国的工业旅游正处在形象驱动阶段，需要工业企业或研学公司制定出个性化而又积极的旅游口号。旅游口号的设计需要遵守相应的原则，充分发挥口号对于市场的诱导力以及号召力。采用简洁的文字、典雅的词汇，准确体现工业旅游资源的特征以及文化内涵，才会具有较强的感召力，才会吸引更多的潜在旅游者。目前已经凝练出"钢铁是怎样炼成的？"（中天钢铁）这个基于名著的响彻口号，可以制定同一系列的口号，如"垃圾如何变废成宝？"（光大能源）、"火车头是怎么造出的？"（戚机厂）、"电是怎么发送的？"（戚电厂）、"布匹是怎么织出的？"（天虹纺织）、"花园式工厂是如何建造的？"（蓝豹股份有限公司）等。

　　经开区工业旅游虽已取得了一定的社会认知度，但还需要通过"事件营销"进一步扩大影响范围，通过组织、策划具备社会影响、新闻价值以及名人效应的事件与任务，吸引媒体以及消费者、学生群体的广泛关注。通过精心的包装与策划，提升宣传推介的力度，积极拓展公众对于工业旅游的认知。除了采用被动事件营销之外，在学生寒暑假期间，还可以定期组织大型的宣传活动，如工业旅游年会、工业文化知识宣传与咨询活动、企业节庆活动、旅游推介活动等诸多形式，营造工业遗产保护的良好舆论氛围。

　　挖掘工业企业的文化内涵，弘扬工匠精神。传统工业企业所积累的大量的企业文化、管理制度、生产工艺等非物质遗产，无数优秀的模范人物，以及种种关于工业创造、技术创新的感人故事等，都是当下工业旅游中最具吸引力的旅游内容。如戚墅堰机车厂的设备陈列室中，陈列了1906年由英国制造的联合剪冲机，旁边的文字只是说明了该机器的外形尺寸、加工规格、设备功能、设备概况。但关于这台百年老机器背后蕴藏的故事却不得而知，一百多年来，有多少工人操作过它？它身上的伤痕印记又意味着什么？它经历了怎样的辗转反侧才得以留存保全？围绕这些百年企业和老旧机器，缺少深度的挖掘和企业老工人的"现身说法"。

　　一个不太标准的圆盘、一片斑驳的墙体、一张发黄的照片、一张彩色的商标等都可能隐藏着鲜为人知的历史和故事。将这些历史故事讲清楚、讲深入、讲精彩，能够激发正能量，感召学生传承老一辈工人的"爱岗、敬业、奉献、报国"精神；将工匠精神、劳模精神、企业家精神与优秀传统文化紧密联系起来，在学生心中播种实业报国的种子。

　　区分学段，推出"定制式"研学产品。经开区对外旅游开放的工业企业近10家，首批四条工业游学路线也已发布，但其主要面向普通市民，更偏重于"游"，没有专门针对学生群体的细分方案，无法凸显"学"的教育学习目的。青少年学生作为工业旅游体验营销的重要组成内容，其求知欲望相对较强，好奇心比较强烈。根据学生的心理、研学主题等特点，在体现教育性的同时，凸显趣味性、科普性、实践性和探索性，从"主导型"向"引导型"转变，从"大锅饭"向"个性定制"转变，尽可能通过设计相应的活动引导学生通过探索得出结论，培育学生的创新探索能力。

　　"订单式"研学课程可以分为小学、初中、高中三个阶段。小学阶段主要进行优秀传统文化、红色文化和科技文化的认知、了解，属于入门式、零散式的接触，偏重于趣味性；初中阶段侧重于细节的探究，对工业文化的沿革、传承有较深了解，能对工业科技的基本原理有一定认知，偏重于科普性；高中、大学阶段的课程则要求在掌握概念、熟悉原理的基础上，能进一步创新探索，将书本知识与生活经验紧密结合，将精神共鸣与理想信念深度融合，偏重于创新和创造。据此，可以设计开发出不同的研学产品。

精心设计研学活动、注重体验性和创意性。精心进行游学方案设计，在旅游的同时进行研究性学习，切忌只"游"不"学"，要"游""学"并重。根据各典型工业企业的特点，可以设置如下一些更具针对性、更富启发性的研学专题。如"假如我是企业家"主题，使学生学会分析影响企业选址的工业区位因素，分析常州经开区的工业布局特点，分析产业转移对区域发展的影响；"与火车头的对话"主题，轨道交通产业在我国的发展，调查经开区轨道交通产业集聚的现状，加强创新与研发、掌握核心技术的意义；"城市腹地的垃圾处理"主题，通过实地了解，让学生切身体会垃圾处理企业对环境的影响及对周围居民生活的影响，让学生学会辩证地看待企业的发展，通过思考并提出建议，提高学生的公民意识，培养学生的社会责任感，还可以让学生学以致用，判断现实生活中的垃圾处理企业布局是否合理。

研学活动一般遵循"查阅—访谈—参观（流程）考察—制作、体验—分析记录、提议"等程序，其中有效引入体验项目是工业游学产品开发的重点和难点。工业旅游体验项目能够让游客（学生）主动参与，不再局限于听与看，而是做与想，强化实践操作环节，对工业旅游整体创意与构思等方面投入个性化的智慧，设计出具备广泛参与、互动性的活动，激发学生的兴趣，培养学生的社会意识。企业可根据自身特点，开发不同层次的工业旅游产品，由初级的流程性游览向互动型参与和主题型体验发展，在项目设计上可将现场演示、模型展示、动感体验等方法有机结合起来，可以开辟基于真实的工业生产场所，构建人机交互过程，为游客提供有偿使用，让游客身临其境，在亲身体验中获得乐趣。如江苏省级25家工业旅游区之一的"光大常高新环保工业旅游区"，光大能源会定期组织周边中小学生参观厂区及设备，VR三维展示垃圾处理全流程，并组织暑期"光大夏令营"，设计"环保主题"活动，学生利用废旧材料进行创意制作，提升研学的体验度、参与度、实用性。

其中一个游学环节是观看两名工人操作两个巨型"抓手",抓起五吨重的垃圾,参观者都非常震撼,如果能在操作人员指导下,让具备一定工程机械基础的学生亲手操作体验,其思维深度得以拓展,研究和学习的效果可能会更好。

拍摄微视频、建立线上展示系统。微视频(讲堂)是研学课程系列化、普及化的延伸。通过大众人物微视频、专家学者微讲堂的形式传播研学内容,主要有以下几种方式:一是由大众讲历史,以普通工业者的身份回顾事物或者行业历史沿革,以基层视角感受工业文化传统,感受科技的飞速进步;二是由英模人物作回忆实录,通过英模人物或其亲友追忆在关键事件中的重大抉择,感受创业的艰辛。三是由专家学者进课堂,讲授行业领域的科技发展现状及未来发展方向,激发广大学生的实业报国的情怀,增强工业自信。四是由学生拍摄感悟微视频,选择在研学实践活动中表现突出的优秀学员,按照不同主题,从主观学习、独立探索、配合研究等方面讲述研学心得体会,为后续学生提供相关经验。同时,积极打造研学课堂"互联网十"模式,通过网络互联、共享研学基地的优质课程,发挥各地区工业研学实践教育基地的整体优势。

线上展示系统是研学基地的信息化集成。通过门户网站、APP、微信公众号、微博等载体,展示基地的主题内容,将实体展馆、图文信息、专题视频等素材。通过科技手法有机串联,形成界面友好、使用方便、趣味性强、易于接受的线上系统。一是凸显科技性,通过人格化的卡通形象帮助引导用户使用线上展馆 APP,提升研学实践的效率和成果;二是注重趣味性,借鉴AR、VR 技术,研发实景 3D 的展品,制作反映重大历史事件或演示抽象科学原理的情景剧,增强线上观看的真实感和趣味性;三是增强适应性,通过菜单式软件入口设计,将不同群体、不同需求分类处理,拓展研学内涵;四是设置留言和研讨板块,为研学活动参与者和组织者设立专区,及时收集整理合理化建议和意见,进一步提升基地研学业务能力和服务水平。还可以利用抖音、QQ 空间等新媒体发布有趣的小视频,增加经开区工业旅游在百度的搜索广告和马蜂窝、大众点评的游客评价。

总之,工业旅游不仅承载着历史文化传承的功能,更重要的是可以直接向游客展示现代化工业生产和作业景观,为游客创造生产体验。常州经开区现存的百年老企业(戚机厂、戚电厂、天虹纺织等)和新生代的光大能源、蓝豹集团等，都可以利用其深厚的工业创新文化和先进的工业技术，创建常州地区工业特色科普教育基地。这样的工业特色科普教育基地与工业游学相结合，不仅有助于培养青少年的工业情结，更是对当今社会快餐式娱乐文化的一种纠偏，有利于"大众创业、万众创新"在青少年身上的植入，有利于培养他们对实业和实体经济的兴趣，只有触发和提升青少年对高科技产业和现代制造业的兴趣和感知，将来才能更好地承担常州"工业智造明星城"和"科教创新明星城"的建设。

后　记

2014 年 6 月，中国的大运河被列入《世界遗产名录》，常州作为申遗城市之一，有幸拥有了第一个世界遗产。近年来常州高举"以世界的名义守护运河"的旗帜，始终致力于运河遗产的保护传承。为更加全面地认识常州运河遗产的价值，自 2018 年起，在常州市文物局的指导下，常州市文物保护管理中心联合河海大学、常州工学院、常州大学等高校，持续开展常州大运河文化带建设内涵研究工作。相关单位从各自专业视野出发，深入研究常州古城及古运河的变迁，系统整理运河沿线文化遗产资源，并以运河工业遗产为例探讨运河遗产的活化利用，以推动运河遗产在保护中发展，在发展中保护。

为宣传展示大运河常州段遗产的文化内涵，现将常州大运河文化带建设内涵研究成果整理出版。其中第一章由纪玲妹、王继宗、严波撰写，文中提出了若干关于常州古城形制的新观点，大胆假设并小心求证，可供相关学术机构进一步思考研究。第二章由朱芸芸撰写，是对常州市文物保护管理中心文物研究工作的提炼总结，第三章由张巧凤、董长春撰写，以案例的形式探讨运河沿岸工业遗产的保护与活化利用研究。

书中照片资料部分为常州市文物保护管理中心长期工作积累，主要由顾晔麟拍摄、挑选、加工和选定；部分来自于课题组成员开展田野调查时所拍摄，另有部分由常州工学院樊天岳老师团队专程拍摄，特别感谢樊天岳老师团队对本书照片、图纸处理的技术支持。在本书编写过程中，常州市文物保护管理中心主任陈永刚和副主任袁予、瞿小佩、徐昕予以全程指导；陈伟堂、吴冬冬、陈磊、管婷婷、刘淋青等参与校对，"运河五号创意街区"等运河沿线相关单位积极提供参考材料，在此一并感谢。

大运河作为活态的线性文化遗产，文化类型种类繁多，大运河文化带建设更是庞大的系统工程。希望本书的编辑出版，能够抛砖引玉，让更多学科参与到大运河文化遗产的保护研究中来，让更多的人了解并热爱常州大运河，切实增强保护大运河的使命感、责任感，共同参与运河遗产保护行动，让古老美丽的常州大运河流向世界、走向未来。